财务精英这样用 Excel

神龙工作室 _ 编著

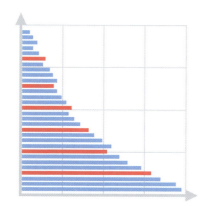

人民邮电出版社
北京

图书在版编目（CIP）数据

财务精英这样用Excel / 神龙工作室编著. -- 北京：人民邮电出版社，2023.4
ISBN 978-7-115-58364-2

Ⅰ．①财… Ⅱ．①神… Ⅲ．①表处理软件－应用－财务会计 Ⅳ．①F234.4-39

中国版本图书馆CIP数据核字(2021)第268589号

内 容 提 要

本书以帮助财务人员建立数据化思维、提升数据分析能力为核心，介绍财务人员在工作中应该如何正确使用 Excel 提高工作效率。

全书分为 4 篇，共 13 章。认知篇介绍优秀财务人员应具备的数据化思维；技巧篇介绍财务人员应掌握的 Excel 使用技巧，包括批量整理财务表格、高效合并/拆分表格、综合运用 Word/Excel/PPT 提高工作效率等；应用篇介绍财务数据处理和分析，包括查账、对账和预警，财务表格间的关联查询，账款资金和费用计算，多角度统计公司费用与收入等；提升篇主要介绍如何制作财务分析报告。

本书内容丰富、图文并茂、难度适中，适合财务人员阅读，也可作为各类院校相关专业或者企业培训的教学参考书。

◆ 编　　著　神龙工作室
　　责任编辑　马雪伶
　　责任印制　胡　南

◆ 人民邮电出版社出版发行　北京市丰台区成寿寺路 11 号
　　邮编　100164　电子邮件　315@ptpress.com.cn
　　网址　https://www.ptpress.com.cn
　　北京宝隆世纪印刷有限公司印刷

◆ 开本：700×1000　1/16
　　印张：18　　　　　　　　　　　2023 年 4 月第 1 版
　　字数：372 千字　　　　　　　　2023 年 4 月北京第 1 次印刷

定价：89.90 元

读者服务热线：(010)81055410　印装质量热线：(010)81055316
反盗版热线：(010)81055315
广告经营许可证：京东市监广登字 20170147 号

前言

财务人员的日常工作之一就是跟各种表格和数据打交道，很多是周期性重复的工作，烦琐而枯燥。面对这些重复的、计算量大的工作，运用工具往往可以大幅提高工作效率。Excel 正是这样的工具。Excel 用得好，事半功倍。对于财务人员来说，更是如此。比如使用 VLOOKUP 函数可以轻松完成两张表格中的账款核对。

同时，财务人员要有危机意识，在数字化时代，简单、重复性的劳动越来越多地被计算机的高速运算取代。财务人员要想不被淘汰，就需要将更多精力投入为企业创造价值的业务中，掌握更多经营、分析技能，为企业发展提供有力支撑。而 Excel 具有强大的数据分析能力，恰好能帮助财务人员高效完成各种分析。

由此可见，在数字化时代，财务人员的工作不再是简单的单据审核、财务报表编制与合并。财务人员要建立数据化思维，具备数据分析能力，熟练使用 Excel 这样的工具，提高工作效率。

为什么选择本书？

市面上的 Excel 工具书很多，切实围绕财务日常工作、专门针对财务人员的使用需求而编写的却很少，能帮助财务人员建立数据化思维、提升数据分析能力的就更少了。

本书内容正是基于财务人员的 Excel 使用需求设置的，力求帮助他们从烦琐的重复劳动中解脱。

本书具有以下特点。

√本书用 4 篇内容，从认知、技巧、应用、提升 4 个方面介绍财务工作中的 Excel 应用，帮助财务人员在解决实际工作问题的同时，建立数据化思维。

√本书既有工作思路的讲解，又有实操步骤的介绍，还有很多关于职场经验、疑难问题的贴心提示，力求让财务人员看得懂、学得会、用得上。

√本书提升篇介绍了制作财务分析看板的知识，财务人员掌握这些知识，便可进入数据可视化的世界，成为更专业的职场人。

√本书的配套教学视频与书中内容紧密结合，读者可以扫描下方的二维码，在手机等移动终端观看视频，随时随地学习。

免费资源如何获取？

本书附赠内容丰富的办公资源大礼包，包括 Office 应用技巧电子书、精美的 PPT 模板、Excel 函数应用电子书等。扫描下方的二维码，关注"Office 办公达人之路"，回复"58364"即可获取资源的下载方式。

由于作者能力有限，书中难免有疏漏和不妥之处，敬请读者批评指正。若读者在阅读过程中产生疑问或者有任何建议，可以发送电子邮件至 maxueling@ptpress.com.cn。

编者

目 录

认知篇　当财务人员遇上Excel，相见恨晚

第1章　掌握方法，财务工作更上一层楼

1.1 财务工作的起点：沟通需求 ······ 3
1.2 财务工作的关键：系统规划 ······ 5
1.3 财务工作必备的技能：熟练使用Excel ······ 7

第2章　懂得数据化思维，打破熬夜加班"魔咒"

2.1 财务人员90%的时间都浪费在了数据整理上 ······ 12
2.2 懂得数据化思维，搞明白表格的两种用途 ······ 18
2.3 规范建表，为"变"出各种财务表格打基础 ······ 22
2.4 容易被忽略的小表格，却能解决大问题 ······ 28

第3章　学会Excel技能，提升工作效率

3.1 根据供应商名称，快速查询账款余额 ······ 34
3.2 银企对账，快速出结果 ······ 37
3.3 分析各部门费用，竟然可以这么简单 ······ 39
3.4 汇总集团公司的报表，"偷懒"有妙招 ······ 43

技巧篇　财务人员必备的"偷懒"技巧

第4章　批量整理财务表格，事半功倍

4.1 商品销售明细表：数据的分列与提取 ······ 49

4.1.1 将一列数据拆分成多列 ·· 49
　　　4.1.2 批量提取商品信息 ··· 55
4.2 应付账款明细表：不规范数据的清洗 ·· 60
　　　4.2.1 不规范日期格式批量清洗 ·· 60
　　　4.2.2 不规范数字批量清洗 ·· 64
　　　4.2.3 同时对退货数据进行变负运算 ·· 68
4.3 费用报销明细表：行/列的批量整理 ··· 71
　　　4.3.1 将所有空单元格填补上"0" ·· 71
　　　4.3.2 删除所有空单元格所在的行 ·· 74
　　　4.3.3 空白行/列的批量删除 ··· 76
　　　4.3.4 表格行列转换 ·· 79
4.4 员工奖励领取表：重复值的批量删除 ·· 81
　　　4.4.1 删除单列数据中的重复值 ·· 82
　　　4.4.2 删除符合多个条件的重复值 ·· 83
4.5 固定资产折旧表：公式的批量应用 ·· 85
　　　4.5.1 为合并单元格批量填充数据 ·· 85
　　　4.5.2 批量清除手动录入的数据，同时保留公式模板 ······························ 89
　　　4.5.3 公式批量替换，引用工作表更换后自动更新表格 ···························· 92
4.6 员工生日津贴表：录制宏，批量修改多张表 ······································ 96

第5章 合并与拆分，工作"偷懒"有妙招

5.1 将不同工作簿的子公司明细数据合并 ··· 102
5.2 同一工作簿的不同费用表合并 ··· 107
5.3 格式不同的预算表合并计算 ··· 111
5.4 将日常费用汇总表按部门拆分为独立的表格 ····································· 114

第6章 综合运用Word/Excel/PPT，提高工作效率

- 6.1 Excel+Word，批量生成询证函 ········· 119
  - 6.1.1 批量生成询证函 ········· 119
  - 6.1.2 批量生成固定资产标签 ········· 125
- 6.2 借助Word分栏功能，打印"瘦长"的Excel表格 ········· 127
- 6.3 借助Word分行 ········· 129
- 6.4 修改Excel中的图表，PPT中同步更新 ········· 130

应用篇 财务数据处理和分析

第7章 查账、对账和预警

- 7.1 按关键字重排公司费用 ········· 138
- 7.2 商品库存明细表的数据筛选 ········· 140
  - 7.2.1 单条件筛选 ········· 140
  - 7.2.2 多条件筛选 ········· 142
- 7.3 应收账款明细表的数据预警 ········· 144
  - 7.3.1 突出显示规则 ········· 145
  - 7.3.2 数据条整体对比 ········· 146
  - 7.3.3 自定义图标集 ········· 147
  - 7.3.4 自动提醒模型 ········· 148
- 7.4 商品采购明细表的金额核对 ········· 152
  - 7.4.1 组合键法 ········· 152
  - 7.4.2 函数法 ········· 153

第8章 财务表格间的关联查询

- 8.1 按照商品编码返回对应价格 …… 156
- 8.2 编写关键类别，查询商品信息 …… 157
- 8.3 根据指定科目，查询明细账 …… 161
- 8.4 本息到期，贷款管理台账查询 …… 166
- 8.5 跨表格调用财务数据 …… 169

第9章 账款资金和费用计算

- 9.1 逾期未收金额统计 …… 174
- 9.2 应收账款的账龄分组统计 …… 179
- 9.3 固定资产折旧计提 …… 182
  - 9.3.1 年限平均法——SLN函数 …… 182
  - 9.3.2 双倍余额递减法——DDB函数 …… 184
  - 9.3.3 年数总和法——SYD函数 …… 186
- 9.4 业绩提成计算 …… 188
- 9.5 还款额的计算 …… 191
- 9.6 公式错误排查技巧 …… 196

第10章 多角度统计公司费用与收入

- 10.1 快速分类汇总公司费用 …… 199
- 10.2 设计公司费用统计表 …… 202
  - 10.2.1 创建数据透视表 …… 202
  - 10.2.2 美化数据透视表 …… 205
- 10.3 添加计算字段，计算税后收入 …… 207
- 10.4 按季度统计各类产品销售收入 …… 209
- 10.5 按渠道快速切换销售统计结果 …… 213

提升篇 打造财务分析报告

第11章 财务分析的思路和方法

11.1 深度了解公司业务，明确财务分析方向 ·········· 221
    11.1.1 深度了解公司业务 ·········· 221
    11.1.2 明确财务分析方向 ·········· 223
11.2 掌握常用的财务分析思路和原则 ·········· 225
11.3 站在领导角度分析问题，提出建议 ·········· 227
11.4 美化财务分析报告，提升展示效果 ·········· 230

第12章 财务分析中的经典图表

12.1 如何选择合适的图表 ·········· 233
12.2 图表的创建和编辑 ·········· 236
    12.2.1 制作图表 ·········· 236
    12.2.2 图表的布局和美化 ·········· 238
12.3 经典图表的制作 ·········· 245
    12.3.1 温度计柱形图 ·········· 245
    12.3.2 柱形—折线图 ·········· 247
    12.3.3 动态透视图 ·········· 250
    12.3.4 百分比圆环图 ·········· 252

第13章 财务分析看板的制作

13.1 财务分析看板的样式和结构 ·········· 258
    13.1.1 财务分析看板的结构 ·········· 259

13.1.2 财务分析看板的简洁美 ·· 260
13.2 经典财务分析看板的制作方法 ·· 261
　　13.2.1 财务分析看板的结构和主要思路 ·· 261
　　13.2.2 正文各区域的制作 ·· 264
　　13.2.3 财务分析看板的视图设置 ·· 277

认知篇

当财务人员遇上Excel，相见恨晚

很多财务人员在面临对账、核算、编制报表等工作时，需要处理大量的数据和表格，特别是在月底、年底时，会加班。为什么这些基础工作会占用财务人员那么多时间？究其原因，这些财务人员掌握的Excel技能可能不到Excel功能的20%，把大量时间浪费在重复、低级的操作中。甚至有的人一开始就做错了表格，用错误的工作方法辛苦地工作。财务人员要想不加班，不仅要提升Excel技能，还要改变做表思维。

第 1 章

掌握方法，
财务工作更上一层楼

- 不懂领导的需求，默默返工？
- 不懂做表规划，工作效率低？
- Excel 功能很强大，但是我不会……

第 1 章 掌握方法，财务工作更上一层楼　　3

1.1 财务工作的起点：沟通需求

在工作中，很多人都会遇到返工问题。那么，在财务工作中如何减少返工呢？

🖱 积极沟通，深刻理解

大部分领导交代任务时并不会说得特别详细，员工理解不到位是很容易出错的。因此，积极沟通，正确理解真正的工作任务，是减少工作量的前提，否则就会导致南辕北辙或者事倍功半。

小王是一名财务新人，一天，领导让他做一份上半年的销售分析表。领导交代任务时说得很简略，小王接到任务后就开始做表了，也没思考领导的真正意图是什么，只是按照自己的理解去做，结果做出了下图所示的销售分析表。

产品名称	1月	2月	3月	4月	5月	6月	总计
保湿面霜	132,021.00	98,963.00	129,721.00	161,514.00	123,233.00	139,270.00	784,722.00
保湿爽肤水	244,407.00	215,436.00	307,342.00	354,473.00	453,676.00	376,354.00	1,951,688.00
保湿洗面奶	167,053.00	158,293.00	205,642.00	286,125.00	307,919.00	191,735.00	1,316,767.00
抗皱面霜	145,003.00	61,854.00	119,066.00	125,721.00	99,993.00	110,001.00	661,638.00
抗皱洗面奶	49,560.00					119,106.00	168,666.00
控油面霜	261,258.00	397,572.00	381,419.00	440,664.00	607,222.00	429,675.00	2,517,810.00
控油爽肤水	149,523.00	212,873.00	188,950.00	294,954.00	304,760.00	128,427.00	1,279,487.00
控油洗面奶	277,369.00	331,227.00	380,877.00	470,232.00	524,634.00	352,856.00	2,337,195.00
普通洗面奶	296,868.00	316,210.00	399,128.00	530,192.00	530,362.00	398,425.00	2,471,185.00
总计	1,723,062.00	1,792,428.00	2,112,145.00	2,663,875.00	2,951,799.00	2,245,849.00	13,489,158.00

领导看了这张表找来小王，问道：

"你用了半天时间做出的表到底要说明什么？这张表有什么用吗？"

"领导，我做的是上半年各产品的销售统计，有产品名称、月度销售额、总计销售额，我觉得很全面。"

财务精英这样用

> "这只是一张汇总表,每个月的明细数据呢?每位员工的销售数据呢?渠道、客户也应该统计,你做的表中有这些数据吗?"
> "对不起,领导,我没有想到那么多,我这就重做。"

小王遇到的这个问题很多职场新人都遇到过,解决的方法就是直接沟通。不要担心问得多了领导会不高兴,试想:如果做出的东西完全不合格,导致返工,岂不得不偿失。

小王的领导真正想看到的是一份包括员工、渠道、客户在内的销售分析表,如下图所示。

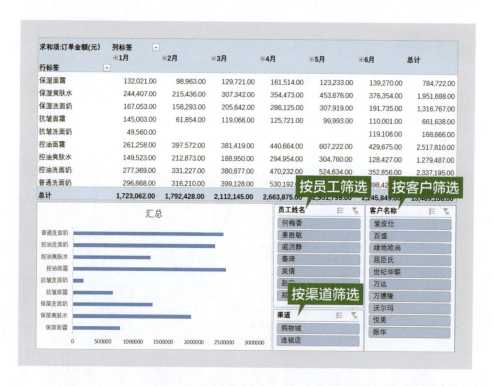

通过简单对比可以发现,小王做的表肯定不符合要求。小王做的表只是简单统计了产品每个月的销售总额,然后汇总,没有呈现员工、渠道、客户等的分类统计信息,这样的表领导怎么拿来做分析?

持续沟通，掌握方向

在完成工作任务的过程中，员工仍然要积极与安排工作的上级领导沟通，以便及时了解领导是否有新的要求或新的想法。如果只顾着埋头苦干，而忘记了与上级领导进行持续沟通，很有可能上级领导对工作的要求已经有所改变，甚至不需要做这项工作了，员工却没有掌握这个信息……

情景二

小王按照领导的需求做统计表，可才做了一半儿，领导就过来询问："小王，这个月的销售表你更新了吗？上半月的数据有问题，昨天才更新完。"

"啊？领导，我不知道啊……"

小王看着自己做的表格欲哭无泪，数据不对只能再次返工。能把责任归结于对方没有提前告知吗？不能，自己的工作只能自己负责，没有想到细节，责任也在自己。

沟通不应该是一次性的，而应该伴随整个任务进行的过程。积极并持续沟通，并深刻理解领导需求，这是高效完成工作的前提。

1.2 财务工作的关键：系统规划

财务人员在接到领导下达的任务后，要想很好地完成任务，仅靠良好的沟通能力是远远不够的，还要有系统规划的思维方式和良好的任务分解能力。

有经验的财务人员在接到一个任务后，首先会通过系统规划来确定目标、时间、场所、方式等内容，然后再付诸实际行动。如果不做规划就直接行动，行动的过程中就会缺乏对任务的整体把控。

临近下班时间，领导找小王要做好的销售分析表，小王却说还没有做完。

"小王，今天让你做的销售分析表怎么还没做完？这都一整天了！"

"领导，我上午才接到任务。找销售员拿到销售明细表，下午才整理完，开始做销售分析表。中间又要开会，又要沟通，这些工作都很费时间，没有那么快。"

……

领导听到小王一天的工作流程汇报后，再次提点了小王。

"小王，你确实努力做了很多工作，但是你的工作流程有很大的问题，想到哪就做到哪，既没有提前准备，也没有应对突发问题的相关措施，所以整体进度才会这么慢。其实，你应该做张系统规划表，将任务需求、完成时间和所需技术分解并写下来，这样才能把握全局，高效率完成任务。"

小王的问题也是大多数人都存在的：虽然在努力工作，但是一直不得要领，事倍功半。而且，领导在说自己的需求时并不会刻意地排序或者系统归纳，可是作为员工，在面对领导的需求时，需要进行系统规划。

系统规划的重点在三个方面。

做什么（What）：需求是什么？

何时做（When）：完成需求任务需要多少时间？什么时间做什么任务？

怎么做（How）：完成任务的方法是什么？需要的技术手段是什么？

小王的系统规划表可以按照时间要素分解，总共可以分成四个模块。第一个模块是接到任务后与领导沟通需求，并且从销售部拿到销售明细表。第二个模块是整理销售明细表，并用数据透视图功能做出初步分析图表。第三个模块是参加部门会议，结束后继续与领导沟通需求。第四个模块是做最后的汇总并将结果呈交领导。

通过这样简单的规划分类，对于怎样完成领导的要求就有了大概的思路和方法。事实证明，漫无目的，随心所欲，想到哪做到哪的工作方法，并不应该是职场人的工作习惯。浪费的时间并不能证明你认真负责，反而会给你贴上低效率的标签。系统规划工作需求是高效完成工作的必要条件。

1.3 财务工作必备的技能：熟练使用Excel

作为一名财务人员，当与领导沟通好需求，自己也做好了系统规划，是不是就一定能得到令领导满意的结果呢？

当然不是。技术熟练始终是做事的核心要求，也是高效完成工作的必要条件。虽然沟通需求、系统规划有助于节省大量的前期工作准备时间，但工作完成的好坏是跟技术熟练度直接相关的。

情景四

"万事俱备，只欠东风"，小王觉得自己把领导的需求搞明白了，规划也做好了，只要把图表做出来就可以了。结果又一个半天过去了，小王依旧在计算机前不停地忙碌。

原来小王因为Excel技术不过硬，操作不熟练，所以依旧无法做出令领导满意的图表。

小王预想做的图表，只是在销售明细表的基础上，通过筛选和分类汇总的方式收集数据，再做不同需求的汇总表。但是表格很多，做起来很费时间。小王之所以这样做，除了对领导的需求理解不够以外，也是因为 Excel 操作不熟练，未掌握数据透视表功能。

除了数据透视表，还有数据透视图，图表并茂，数据呈现的效果会更好。想要添加条件，只要使用切片器即可。无论是修改筛选条件，还是在数据透视表里添加新的筛选条件，都很容易。一起来帮小王完成任务吧。

步骤 1：制作数据透视表

做数据透视表首先要选中原始数据（也就是小王在 1.2 节整理的数据），再切换到【插入】选项卡，单击【表格】组中的【数据透视表】按钮，即可得到数据透视表。

下单日期	产品编号	产品名称	规格（ml/瓶）	单价（元/瓶）	订单数量	订单金额(元)
2019/1/3	GH001	保湿面霜	300	463.00	66	30,558.00
2019/1/3	GH002	控油面霜	300	393.00	55	21,615.00
2019/1/3	GH003	保湿洗面奶	400	436.00	47	20,492.00
2019/1/4	GH004	普通洗面奶	250	429.00	64	27,456.00
2019/1/4	GH005	控油洗面奶	400	391.00	40	15,640.00
2019/1/4	GH003	普通洗面奶	250	416.00	30	12,480.00

求和项:订单金额(元)	列标签						
行标签	⊞1月	⊞2月	⊞3月	⊞4月	⊞5月	⊞6月	总计
保湿面霜	132,021.00	98,963.00	129,721.00	161,514.00	123,233.00	139,270.00	784,722.00
保湿爽肤水	244,407.00	215,436.00	307,342.00	354,473.00	453,676.00	376,354.00	1,951,688.00
保湿洗面奶	167,053.00	158,293.00	205,642.00	286,125.00	307,919.00	191,735.00	1,316,767.00
抗皱面霜	145,003.00	61,854.00	119,066.00	125,721.00	99,993.00	110,001.00	661,638.00
抗皱洗面奶	49,560.00					119,106.00	168,666.00
控油面霜	261,258.00	397,572.00	381,419.00	440,664.00	607,222.00	429,675.00	2,517,810.00
控油爽肤水	149,523.00	212,873.00	188,950.00	294,954.00	304,760.00	128,427.00	1,279,487.00
控油洗面奶	277,369.00	331,227.00	380,877.00	470,232.00	524,634.00	352,856.00	2,337,195.00
普通洗面奶	296,868.00	316,210.00	399,128.00	530,192.00	530,362.00	398,425.00	2,471,185.00
总计	1,723,062.00	1,792,428.00	2,112,145.00	2,663,875.00	2,951,799.00	2,245,849.00	13,489,158.00

> **提示**
> 借助数据透视表功能，用户通过简单的拖曳操作，可以完成复杂的数据汇总。数据透视表的具体介绍参见 10.2 节。

步骤 2：制作数据透视图

图表是对表格数据的视觉化显示。如果表的数据过多，做出的图表就会很臃肿。所以，需要提前做好数据透视表，然后以数据透视表为基础，切换到【分析】选项卡，单击【工具】组中的【数据透视图】按钮，得到数据透视图。

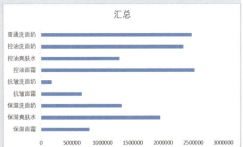

步骤 3：插入切片器

虽然数据透视图提供了筛选功能，但是如果想添加其他条件，就不是那么方便。而切片器就能满足这一需求。切换到【分析】选项卡，单击【筛选】组中的【插入切片器】按钮，就可以添加切片器。

到这里就能看到熟练使用 Excel 对效率的提升到底有多大作用了。本来要在明细表上筛选、分类汇总，再将数据复制到另一张表之类的操作，使用数据透视表功能就全都解决了。再加上切片器的联动功能，在计划时间内很快就能完成任务。员工做起来简单，做出来的表格领导用起来也方便，何乐而不为呢？多学习多练习，技术熟练，以一当百，这样才能高效高质量地完成领导交代的任务，也才能追求自身水平的进一步提高和能力的进一步提升。

要想快，多学技术少凑数；
用不熟，加班返工别不服。
跟我学做表，其实很简单！

第 2 章

懂得数据化思维，打破熬夜加班"魔咒"

- 大部分时间你都在整理不规范数据？
- 还在手动制作汇总表？
- 领导一句话，工作就要从头再来？
- 只顾埋头苦干，重复工作太多？

除了日常的账务处理工作之外，财务人员有时也需要根据领导和其他部门同事的要求提供一些数据报表。如果完成这些任务经常需要加班，你就需要分析一下原因：人人都说 Excel 的功能很强大，为什么我却总是难逃熬夜加班的"魔咒"呢？

主要是因为你没有掌握 Excel 的正确使用方法。为了提高工作效率，下面我们就一起来看一下财务工作中有哪些 Excel 的用法是错误的，并尽可能地避免。

2.1 财务人员90%的时间都浪费在了数据整理上

财务人员在使用 Excel 的过程中，经常犯的一种错误就是录入或导入的数据不规范，结果 90% 的时间基本都浪费在了整理这些不规范的数据上，导致工作效率很低。下面我们来具体看一下有哪些常见错误。

非法日期格式

很多人虽然用了很长时间的 Excel，却仍然分不清 Excel 中哪些日期格式是规范的，即 Excel 能够识别的；哪些日期格式是非法的，即 Excel 无法识别的。

如在下方左图中，以"\"分隔年、月、日或者以"号"结尾的日期都是 Excel 无法识别的非法日期格式，而下方右图中列示的以"/""-"分隔年、月、日或者以"日"结尾的日期则都是 Excel 可以识别的规范日期格式。

非法日期格式	规范日期格式
2020\4\7	2020/4/7
2020年4月7号	2020年4月7日
4月7号	4月7日
	2020-04-07
✗	✓

如何区分非法日期格式与规范日期格式呢？

实际上，系统默认的规范日期格式是以斜杠"/"分隔年、月、日的，并且 Excel 具有强大的纠错能力。如果输入的日期格式正确（见上页右图），输入完成并按【Enter】键后，Excel 会将日期在单元格内自动右对齐显示并且会在编辑栏内自动将其纠正为以斜杠"/"分隔的格式。这也是判断输入的日期格式是否正确的重要方法。

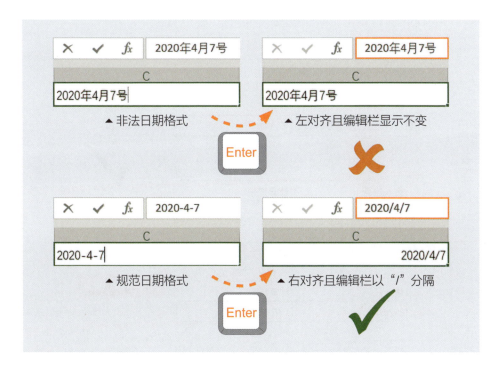

提示

为什么要看编辑栏中的内容呢？

这是因为在 Excel 中，在单元格中看到的内容只是数据的显示方式，这里的显示方式是可以根据用户的需求来改变的。当选中单元格时，编辑栏中显示的内容才是该单元格的数据在 Excel 中运行的本质内容，可以说编辑栏中显示的内容才是数据的真实面貌。因此，要判断日期格式是否正确，看编辑栏中的内容就知道了。

日期数据是日常工作中非常重要的数据，如果输入不当，会给后续工作带来很多麻烦。

麻烦1　无法进行计算

在正常情况下，日期数据与数字之间可以进行加减计算。如果输入的日期格式正确，在与数字相加减后，会得到另外一个日期；相反，如果输入的日期格式不正确，将无法进行计算。示例如下图所示。

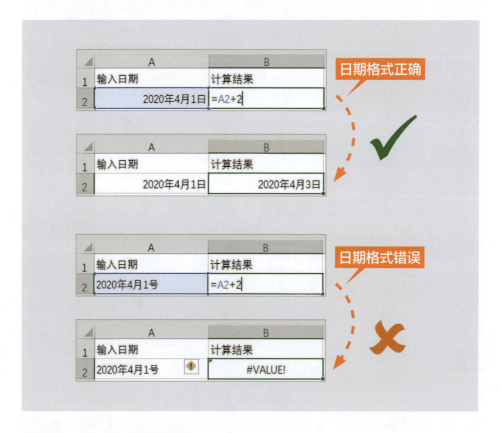

麻烦2　无法按时间段筛选

Excel对日期的处理是比较智能的，如果输入的日期格式正确，在使用筛选功能时，可以按多种时间段进行筛选；但如果输入的日期格式错误，则无法使用日期筛选功能。

第 2 章 懂得数据化思维，打破熬夜加班"魔咒"

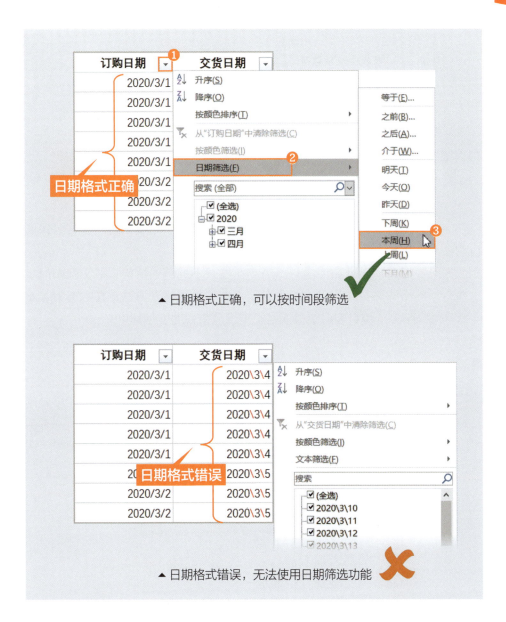

▲ 日期格式正确，可以按时间段筛选

▲ 日期格式错误，无法使用日期筛选功能

麻烦 3 无法汇总数据

在使用数据透视表对数据进行汇总时，经常需要按照日期对数据进行汇总。如果日期格式正确，则可以按日期进行数据汇总；否则就无法按日期进行数据汇总。

月份	求和项:交货数量		日期	求和项:交货数量
⊞3月	10547		2020\3\10	912
⊞4月	5757		2020\3\11	894
总计	16304		2020\3\12	716
			2020\3\13	1079

▲ 日期格式正确，可以进行汇总 ✓　　▲ 日期格式错误，无法汇总 ✗

为了避免日期输入不规范带来的麻烦，在录入原始数据时，一定要保证日期格式规范，这样才能提高工作效率。

如果数据是从别处获取的，已经存在格式不规范的情况，那么该如何对这些日期的格式进行整理呢？关于日期格式的批量整理方法，在本书第 4 章会做详细介绍，这里只要了解日期格式不规范带来的麻烦即可。

🖱 错误数据

财务人员在 Excel 中录入原始数据时，为了避免数据录入错误，能用公式计算的数据就不要手动录入。

如果手动录入出现错误，尤其是涉及具体金额时，后果将不堪设想。例如下图所示的表格中，金额列的数据就有两处错误。

采购数量	单价	金额
177	58.00	10,266.00
153	11.80	18,054.00 ← 小数点位置错误
146	38.00	5,548.00
135	19.60	26,460.00 ← 多输入了一个"0"
155	38.00	5,890.00
102	38.00	3,876.00

当数据量较多，数据金额又较大时，个别数据出现错误，在汇总后是很难被发现的，并可能因此影响企业的正常经营。

那么，正确的做法是什么呢?

本案例中金额列的数据是不需要手动录入的，金额 = 采购数量 × 单价，因此金额列的数据可以通过公式自动计算。

	A	B	C
1	采购数量	单价	金额
2	177	58.00	=A2*B2
3	153	11.80	
4	146		
5	135	19.60	
6	155	38.00	
7	102	38.00	

输入公式

▲ 在 C2 单元格中输入公式并向下复制

	A	B	C
1	采购数量	单价	金额
2	177	58.00	10,266.00
3	153	11.80	1,805.40
4	146	38.00	5,548.00
5	135	19.60	2,646.00
6	155	38.00	5,890.00
7	102	38.00	3,876.00

▲ 自动计算“金额”列数据

只要采购数量和单价准确，金额就是准确的。上述方法也适用于可计算列数据的错误检查，只要掌握了数据的规律，就能避免很多麻烦。

乱用空格

空格在 Excel 中只是占了一个字符的位置，但是不显示任何内容，因此很多人在录入数据时会人为地添加空格，以此来保证单元格内数据的位置对齐。

例如在下图中，某财务人员在客户管理表中录入客户名称时，为了保证所有名称看起来整齐划一，即左右都对齐，在较短的客户名称中添加了空格。

合同编号	客户名称	合同签订日期	合同到期日期
JZSC2020040905	A　公　司	2020/1/3	2021/12/3
JZSC2020040906	B　公　司	2020/1/4	2021/12/4
JZSC2020040907	南北公司	2020/1/5	2020/10/31
JZSC2020040908	东西公司	2020/1/6	2021/12/6
JZSC2020040909	E　公　司	2020/1/7	2021/12/7
JZSC2020040910	F　公　司	2020/1/8	2021/12/8

名称中含有空格

虽然这样看起来没什么不妥，但是在按客户名称进行查找时就会出现问题。例如在本案例中，如果想要查看客户名称为"A 公司"的合同信息，在【查找内容】文本框中输入"A 公司"（无空格）并单击【查找全部】按钮后，会弹出下图所示的对话框，显示无法找到相关内容。

为什么会这样呢？因为在【查找内容】文本框中输入的"A 公司"（无空格）不是客户管理表中录入的"A　公　司"（有空格），这样自然就无法找到相应合同信息，因为它们并不是完全一样的数据。所以在原始数据中，绝对不能出现空格，否则就会给后续的工作带来麻烦。

本节只是简单介绍了几种常见的数据录入不规范行为，重点在于说明这些不规范数据可能会给后续工作带来的麻烦。如果读者能够意识到问题的严重性，那么本节的目的就达到了。只有录入的原始数据格式规范、准确，才能为后续的报表制作打好基础，制作过程也才能更高效。

有人会问：我的原始数据格式都很规范，也很准确，制作报表的过程还是不顺利，这是为什么呢？下面来解释原因。

2.2 懂得数据化思维，搞明白表格的两种用途

财务人员在使用 Excel 的时候，第二种容易犯的错误：没搞明白两种表格的用途。原本可以自动生成的汇总报表，结果自己手动制作。不仅费时费力，还可能出错。

下面具体介绍表格到底有哪两种，以及应该如何区分。

财务人员所用到的 Excel 表格大致可以分为两类：明细表和汇总表。

一、明细表

功能：用来记录、存储原始数据。

来源：由制表人员手工制作或利用财务管理软件导出。

服务对象：仅服务于制表人员。

二、汇总表

功能：用来计算、汇总数据。

来源：由明细表自动生成。

服务对象：领导或其他部门。

正确理解两类表格的用途是非常重要的，只有真正明确需要完成的表格是什么类型的，才能确保工作高效，结果准确。

下面通过某单位的销售数据表格来说明分清表格类型的重要性。

下图是会计小龙所在单位的销售数据明细表。

产品编码	产品名称	规格（ml/瓶）	单位	单价（元）	订单数量	订单金额(元)
LH001	自然纯粹眼影	10g	盒	188.00	39	7,332.00
LH003	清肌净源保湿卸妆乳	100ML	瓶	199.00	58	11,542.00
HH001	茶蕊亮肌洁面乳	120ML	瓶	126.00	60	7,560.00
MF001	保加利亚玫瑰紧致达人面膜	10片	盒	128.00	60	7,680.00
HH003	青苹果鲜活面膜	10片	盒	189.00	37	6,993.00
MF001	保加利亚玫瑰紧致达人面膜	10片	盒	128.00	58	7,424.00
MF002	浓墨炫亮眼线笔（限量版）	10ML	支	156.00	58	9,048.00

这天，A 领导要看各产品上半年的销售汇总数据。在明确了领导的需求之后，小龙花费了很长时间才完成销售数据汇总。

我们先来看看小龙是如何做出领导需要的数据表的。

首先，小龙打开销售数据明细表（该表中存放着上半年的销售明细数据），在该表中按"下单日期"和"产品名称"分别进行筛选操作，然后选中筛选后"订单数量"列的数据，工作表下方即会显示出各月各产品的汇总数据，如下图所示。

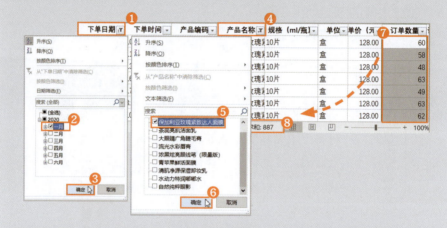

接下来，小龙新建了上半年销售数据汇总表，然后将得到的各产品销售汇总数据手动填到汇总表中，如下图所示。

产品名称	1月	2月	3月	4月	5月	6月	总计
保加利亚玫瑰紧致达人面膜	887.00	997.00	1,153.00	1,376.00	1,425.00	1,290.00	7,128.00
茶蕊亮肌洁面乳	621.00	558.00	674.00	835.00	1,082.00	610.00	4,380.00
大眼睛广角睫毛膏	491.00	657.00	591.00	747.00	886.00	465.00	3,837.00
流光水彩唇膏	444.00	144.00	401.00	480.00	321.00	244.00	2,034.00
浓黑炫亮眼线笔（限量版）	108.00					369.00	477.00
青苹果鲜活面膜	788.00	933.00	1,126.00	1,359.00	1,352.00	1,124.00	6,682.00
清肌净源保湿卸妆乳	769.00	1,139.00	1,191.00	1,364.00	1,841.00	1,295.00	7,599.00
水动力特润嘟嘟水	819.00	757.00	1,051.00	1,029.00	1,333.00	981.00	5,970.00
自然纯粹眼影	276.00	277.00	335.00	473.00	434.00	392.00	2,187.00
总计	5,203.00	5,462.00	6,522.00	7,663.00	8,674.00	6,770.00	40,294.00

最后，上半年销售数据汇总表就完成了。

第 2 章 懂得数据化思维，打破熬夜加班"魔咒" 21

这张表表面上看起来没什么问题。下面我们继续往下看。

情景二

在 A 领导需要的上半年销售数据汇总表制作完成后不久，B 领导也要求小龙提交一份上半年的销售数据汇总表，小龙直接把给 A 领导制作的表提交给了 B 领导，结果受到了 B 领导的严厉批评。这是为什么呢？

原因是这样的：小龙在给 A 领导制作完表后的第二天，某订单的数据发生了变更，如下图所示。

订单编号	产品名称	单价（元）	订单数量
SL-2019-3-6-MF001-001	保加利亚玫瑰紧致达人面膜	128.00	46

变更为

订单编号	产品名称	单价（元）	订单数量
SL-2019-3-6-MF001-001	保加利亚玫瑰紧致达人面膜	128.00	49

以上数据，小龙只在销售数据明细表中进行了更正，忘记了重新汇总数据并把它填入上半年销售数据汇总表中，这样汇总的数据自然就是错误的。

通过这个例子我们可以看到，使用小龙的方法制作销售数据汇总表，当销售数据明细表中的数据发生变化的时候，必须重新汇总数据，并把汇总数据填入销售数据汇总表中，也就是要手动更新销售数据汇总表中的数据，一不小心就容易出错。

所以这不是一种好方法。那么有没有更好的方法呢？答案是有。

在销售数据明细表的基础上，使用 Excel 数据透视表功能生成销售数据汇总表，就可以实现：当销售数据明细表中的数据发生变动的时候，销售数据汇总表中的数据可以自动更新，根本不用手动操作，也不用担心数据不正确，省时又省力。例如下页图所示的表格就是使用 Excel 数据透视表功能生成的销售数据汇总表。

财务精英这样用 Excel

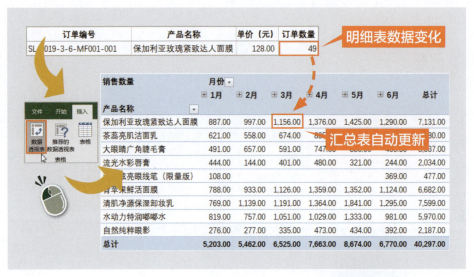

这下知道了吧！汇总表在明细表的基础上生成，才能实现同步更新，千万不要手工制作。

当我们需要根据不同项目提交多种销售数据汇总表的时候，使用自动生成汇总表的方法，其优势就更明显了：当销售数据明细表中的数据发生变化时，由它生成的各种汇总表中的数据都会自动同步更新。

搞明白两种类型的表格后，是不是不会再为表格制作而焦头烂额了呢？**每个汇总表都要有其所依据的明细表，并且可以自动更新**，这点很重要。

2.3 规范建表，为"变"出各种财务表格打基础

在财务工作中，领导或其他部门的员工要看的表一般都是汇总表。通过 2.2 节内容的学习，我们知道汇总表是在明细表的基础上生成的，因此明细表

就像打地基一样重要,千万不要小瞧它。很多人都是由于明细表建立得不规范,所以才会加班。

如何建立规范的明细表呢?实际上,建立明细表要遵循一定原则。下面,我们就一起来看一下有哪些建表原则吧。

原则 1 结构简单

很多人都习惯按照自己最终想要的结果来创建明细表,想看怎样的表格,就做怎样的表格,完全不考虑数据怎么获取、怎么加工、以后怎么维护才方便。从表格结构来说,表格一般有一维表和二维表之分。创建明细表时,首选一维表,如下图所示,一行标题,每一行存放一条数据记录的所有信息,每一列都是一种信息类型。在做数据汇总时这样的表格更方便。

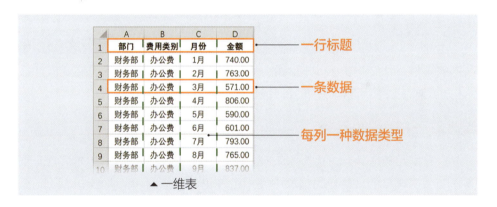

▲一维表

但是,很多人却习惯直接把表格制作成二维表的形式,就像下图一样,行和列方向上都有标题,每一个填写的数据都要通过两个方向的标题确定填写的位置。

行标题: 部门 费用类别		列标题:月份				各部门日常费用统计表				
部门	费用类别	1月	2月	3月	4月	5月	6月	7月	8月	9月
财务部	办公费	740.00	763.00	571.00	806.00	590.00	601.00	793.00	765.00	837.00
	维修费	746.00	704.00	794.00	788.00	821.00	815.00	606.00	599.00	721.00
	差旅费	657.00	659.00	762.00	841.00	809.00	638.00	792.00	778.00	779.00
	招待费	772.00	598.00	653.00	564.00	774.00	672.00	626.00	691.00	794.00
	通信费	783.00	814.00	765.00	632.00	646.00	717.00	662.00	645.00	769.00

▲二维表

在二维表中，有时不能完成数据汇总和分析。例如，想要在本案例的基础上汇总各部门各月的费用总额，使用数据透视表就无法完成，结果如下图所示。

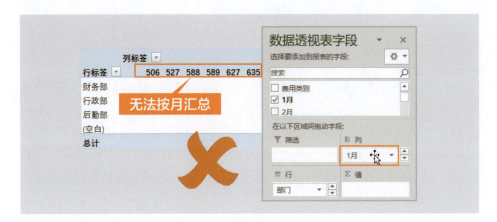

由此可见，对于明细表来说，二维表并不适用。明细表应该是记录原始数据的表格，从结构上来说应该是一维表。这样的明细表无论想要变成什么结构的汇总表，使用数据透视表，很快就能完成。

原则 2　不能合并单元格

合并单元格是 Excel 中常用的一项功能，在设计表格时应用十分广泛。很多人为了填写方便，会在明细表中使用合并单元格。例如在下图中，"部门"字段下就使用了合并单元格。

在制表时使用合并单元格可能会比较方便，但是在对数据进行汇总统计时很多功能就用不了。例如，要对该表的数据按费用类别进行汇总，由于存在合并单元格，无法使用分类汇总功能，结果如下页图所示。

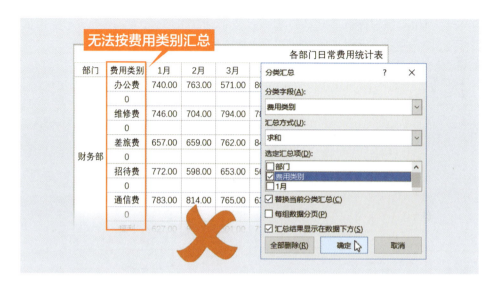

不能乱用合并单元格。它在汇总表中可以用，明细表中不能用。

原则 3　字段顺序要合理

在制作原始明细表时，很容易忽略的一个原则就是字段的顺序要合理。很多人在做表时根本没有考虑过字段的顺序问题，用到哪个字段就填哪个，导致在填写和使用字段时效率很低，却找不到原因。

字段顺序要合理，一是指关键字段要靠前。例如在下图所示的工资表中，"姓名"字段被排在了后面，这显然不符合正常的思维习惯。

关键字段"姓名"排得太靠后，如果要浏览员工工资，使用冻结窗格时需冻结的列数就会太多，这样被占用的屏幕空间就会比较大，浏览起来十分不便。

字段顺序要合理，二是指紧密相关的字段要排在一起。例如，在录入员工的身份证信息时，一定要先录入身份证号码，再录入性别和出生日期等，这样性别和出生日期就不用手动录入，直接使用公式从身份证号码中提取即可，如下图所示。这样既能提高录入效率，又能保证准确性。

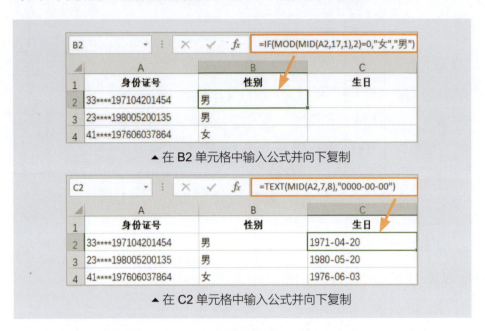

▲ 在 B2 单元格中输入公式并向下复制

▲ 在 C2 单元格中输入公式并向下复制

在设置明细表的字段时，将关键字段排在前面，并且将紧密相关的字段排在一起，这样无论是在录入数据还是在后续使用过程中，都会非常高效。

原则 4　字段内容不可再分

在明细表中，一定不能将多个类别的内容强行填入一个单元格中，否则在后期统计时就会遇到麻烦。

例如在下图中，产品的规格和型号被填入一个单元格中，当需要按照类别或净含量等信息对数据进行统计分析时，就会很麻烦。

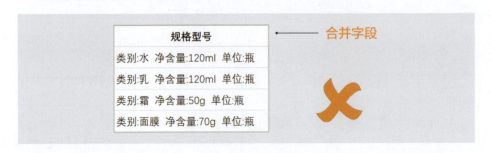

因此，在明细表中登记信息时，一定要将字段拆分到不能再拆分为止，并且将不同类别的数据填入不同的字段（列）中，如下图所示。

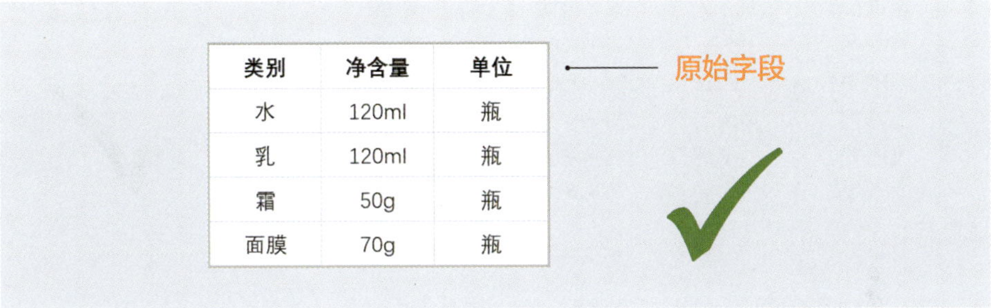

类别	净含量	单位
水	120ml	瓶
乳	120ml	瓶
霜	50g	瓶
面膜	70g	瓶

← 原始字段 ✓

对字段进行完全拆分后，无论后期要使用哪个字段的数据都可以直接使用，汇总会十分方便。

原则 5　内容全面

明细表的本质是数据仓库，它应该包含整个数据流程中的所有重要数据。也就是说，明细表中包含的数据应该尽可能全面。当然，这里说的数据要全面，指的是明细表中应包含目前或日后工作中可能会需要的有用的数据，而不应包含无用的数据。

例如，财务人员在企业的客户管理表中登记客户信息时，只登记了客户名称、联系人和联系电话，这些信息可能是日常工作中常用的，基本能够满足工作需求。但是，当遇到需要给客户发送重要电子邮件的情况时，就需要逐一询问客户的电子邮箱地址，这样既会耽误工作，又会浪费大量的时间。

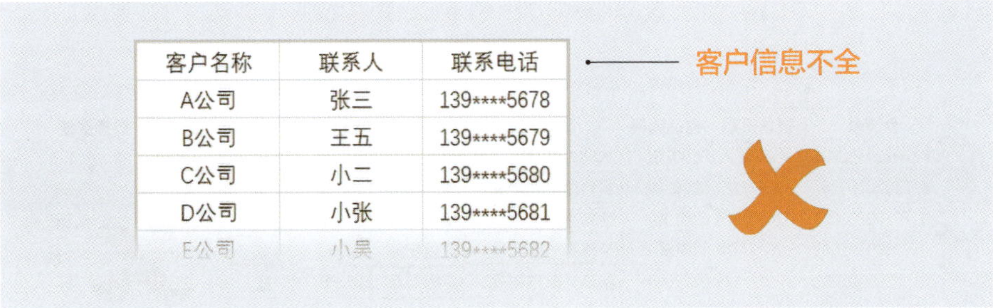

客户名称	联系人	联系电话
A公司	张三	139****5678
B公司	王五	139****5679
C公司	小二	139****5680
D公司	小张	139****5681
E公司	小吴	139****5682

← 客户信息不全 ✗

如果在最初收集客户信息时，能够考虑到电子邮箱的重要性，一并收集，这样就不会出现上述情况了。

关于内容全面原则不再继续介绍，相信通过以上案例，读者已经能够领会在建立明细表时数据全面的重要性。

最后再强调一下：明细表一定要是一维表，不能有合并单元格，字段的顺序要合理，字段的内容应不可再拆分，数据内容要尽可能全面。

2.4 容易被忽略的小表格，却能解决大问题

在规范地建立了明细表之后，财务人员在录入数据的过程中还经常会遇到数据录入错误、不规范，甚至速度慢的问题，这会影响数据统计与分析的效率。为有效解决这些问题，可以使用参数表。

优势1 避免录入错误

如财务人员在登记合同信息时，有些字段记录的是商品的基本信息，数据量大且杂，如果手动录入，难免会出现录入错误的情况，如下图所示。

合同号	销售日期	商品编码	商品名称	商品类别	规格型号	单位	销售单价	销售数量
20170110100201	2017/1/1	0100201	水动力特润嘟嘟水	皇后货品	120ml	瓶	49.00	67
20170120100202	2017/1/2	0100201	水动力特润都都水	皇后货品	100ml	瓶	39.00	98
20170130101001	2017/1/3	0101001	茶蕊亮肌洁面乳	皇后货品	100ml	瓶	69.40	58
20170140101001	2017/1/4	0101001	茶蕊亮肌洗面乳	皇后货品	100ml	盒	69.	54
20170150101001	2017/1/5	0101001	茶蕊亮肌洁面乳	皇后商品	100ml	瓶		97

为了避免以上数据录入错误，可以单独建立一个商品参数表，将包含商品基本信息的字段放在该表中。在合同信息表中只要输入商品编码，使用VLOOKUP函数，直接引用商品参数表中同一商品编码对应的数据即可。D2单元格的公式如下图所示。

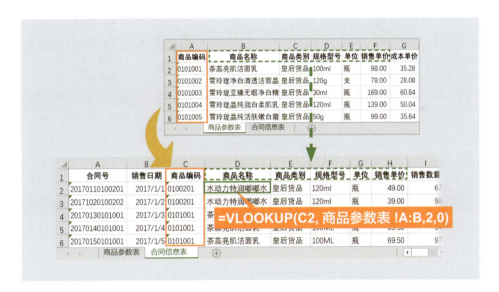

通过该方法，合同信息表中的商品名称、商品类别、规格型号、单位、销售单价等数据都不需要手动录入，输入公式后即可自动匹配商品参数表中的数据。该方法既保证了数据的准确性，又提高了工作效率。

优势 2　避免数据录入不规范

如在录入性别或部门等数据时，容易将"女"录成"钕"，或者将"人力资源部"录成"人力 资源部""人事部""HR"等不同的名称。

员工编号	姓名	性别	部门	费用金额（元）
SL01012	吴磊	男	人力资源部	200.00
SL01017	戚洪静	女	人力 资源部	200.00
SL01018	赵宁	钕	人事部	300.00
SL01016	姜胜敏	男	HR	150.00

如果明细表中存在类似的错误或不规范数据，那么在生成汇总表的时候，按部门进行汇总，就会汇总出不正确的数据，如下图所示。

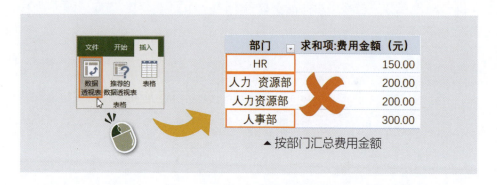

▲按部门汇总费用金额

实际上，在明细表中输入数据时，经常需要重复输入某些固定的数据。为了避免出现类似上述案例中的错误和不规范数据，可以把相对固定的需要重复输入的基础信息，单独放在一个（些）参数表中。这样在明细表中就可以把这些固定信息做成下拉列表，在录入时直接在下拉列表中选择相应信息。下拉列表中的数据来源于参数表，具体的设置过程如下。

步骤1：打开【数据验证】对话框

❶选中需要输入费用类别的单元格区域，❷切换到【数据】选项卡，❸单击【数据工具】组中的❹【数据验证】按钮的上半部分，弹出【数据验证】对话框。

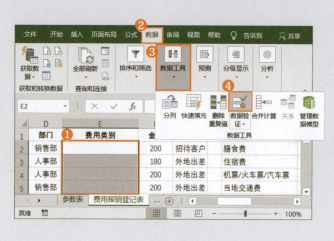

步骤 2：设置验证条件

❶在【数据验证】对话框中设置验证条件为【序列】；❷将光标定位在【来源】文本框中，选中参数表中费用类别所在的区域，即 A2:A7 单元格区域；❸单击【确定】按钮。

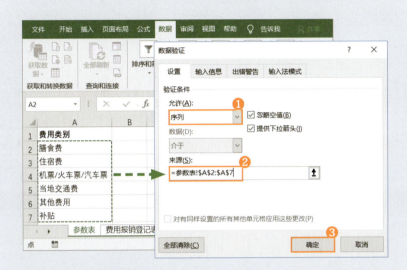

步骤 3：通过下拉列表选择

❶返回工作表，选中 E2 单元格，在单元格右侧会出现一个下拉按钮 ▼ 。❷单击下拉按钮，在弹出的下拉列表中选择合适的费用类别。

看到这里，有的读者可能会有这样的疑问：这些参数能放到明细表中吗？为了避免混淆，只要用空列将其间隔开不就行了？

这里要特别提醒一下：很多人习惯将制作下拉列表的参数放在明细表中，虽然参数区域与明细数据区域之间有间隔，但是容易造成混乱，管理起来很不方便。因为一旦明细数据区域的行有增减，就可能会影响参数区域，进而影响下拉列表的内容，所以还是建议单独建立参数表。

下图所示就是将参数放在明细表中的典型错误案例，大家一定要避免。

第 3 章

学会 Excel 技能，提升工作效率

- 收到一堆询证函，需要加班查账？
- 银企对账，还在一个个看？
- 统计汇总数据，加班都干不完？

在目前的财务日常工作中，登记凭证、编制财务报表等工作基本上都是依靠用友、金蝶等专业的财务管理软件来完成的。同时，财务人员经常要根据本公司业务需求完成一些数据统计、分析的工作，此时财务管理软件就无法满足要求了。

如果你会用 Excel，无论是常见的往来账务核对、公司资产盘点，还是日常费用核算、收入利润计算等工作，都能够轻轻松松搞定。

下面我们通过 4 个有代表性的财务工作场景来说明学好 Excel 技能是如何快速提升财务工作效率的。

3.1 根据供应商名称，快速查询账款余额

每到年初或者一个还款周期结束时，公司财务部都会收到来自各个供应商的应收账款询证函，每张询证函上都记录着公司与供应商发生的账款余额。询证函的部分内容及重点信息如下图所示。

应收账款询证函

索引号：SF006

尊敬的：北京市神龙**有限公司

　　根据本公司的财务制度，为了保证与各客户往来账目的准确性，也为了方便后期审计事务所的审计，现与贵公司进行往来账目函证。下列信息出自本公司账簿，若与贵公司账簿相符，请在"信息证明无误"处盖章；若与贵公司账簿不相符，请在"信息不符"处签章，并列明不符原因和金额。非常感谢您的配合，回函请寄本公司如下地址。

本公司：北京市义康**有限公司　　回函地址：北京市海淀区**路**号

邮编：100093　　　　　　传真：6530638

联系人：李女士　　　　　　电话：6530658

本公司与贵公司往来余额列示如下：

截止交易日期	应收账款余额
2019-12-31	35000

本函为核对往来账目之用，并无催款结算之意，也不作为任何法律依据。若在上述日期前已付清款项，仍请及时复函为盼。

（本公司盖章）

小龙是公司的一名会计，在收到供应商发来的应收账款询证函后，需要将所有询证函的公司名称和应收账款余额登记到"应收账款询证"工作簿中，然后与日常登记的"供应商往来余额表"进行核对，并根据核对情况发出回函。下图所示是"供应商往来余额表"登记的部分内容。

编号	供应商名称	币种	起始日期	截止日期	期初余额	借方发生额	贷方发生额	期末余额
001	北京市公佳**有限公司	RMB	2019-10-01	2019-12-31	37,000.00	3,000.00	5,000.00	35,000.00
002	北京市乾富**有限公司	RMB	2019-10-01	2019-12-31	54,500.00	2,800.00	4,800.00	52,500.00
003	北京市元优**有限公司	RMB	2019-10-01	2019-12-31	11,660.00	2,200.00	4,200.00	9,660.00
004	北京市中辉**有限公司	RMB	2019-10-01	2019-12-31	56,600.00	8,000.00	10,000.00	54,600.00
005	北京市百耀**有限公司	RMB	2019-10-01	2019-12-31	84,600.00	7,200.00	9,200.00	82,600.00
006	北京市义康**有限公司	RMB	2019-10-01	2019-12-31	37,000.00	8,720.00	10,720.00	35,000.00
007	北京市优旺**有限公司	RMB	2019-10-01	2019-12-31	35,600.00	3,000.00	5,000.00	33,600.00

小龙的做法是按询证函上的公司名称，在"供应商往来余额表"中对供应商名称进行筛选，然后将询证函中的应收账款余额与"供应商往来余额表"中的期末余额进行核对。

如果要核对的询证函只有几张，这样核对不会浪费很多时间；但是如果要同时核对几十甚至上百张询证函，以上重复操作就很费时间，而且单纯依靠人工核对还很容易出现错误。

其实在工作中，大多数的查询工作都可以使用 VLOOKUP 函数来完成。本案例中小龙在收到询证函后，会对供应商名称和应收账款余额进行登记。由于日常登记的“供应商往来余额表”中也有供应商名称，因此，可以通过供应商名称进行查找，并返回其对应的应收账款余额，具体操作如下。

步骤 1：查询“供应商往来余额表”中的金额

首先在“应收账款余额”列的右侧增加一列“核对金额”，在 D2 单元格中输入下图所示的公式并向下复制，这样“供应商往来余额表”中登记的金额就被引用过来了。

参考 7.4节，VLOOKUP函数的介绍

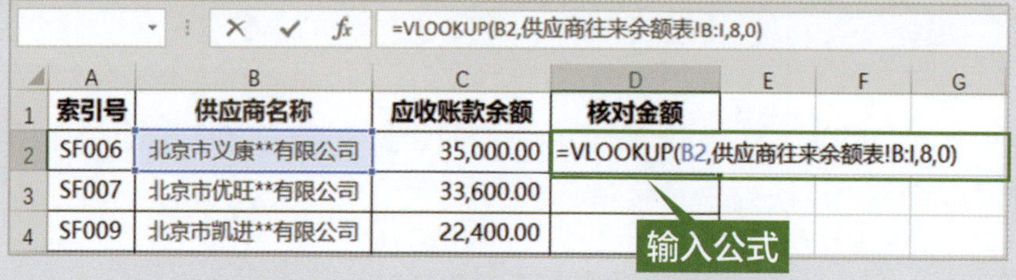

	A	B	C	D	E	F	G
1	索引号	供应商名称	应收账款余额	核对金额			
2	SF006	北京市义康**有限公司	35,000.00	=VLOOKUP(B2,供应商往来余额表!B:I,8,0)			
3	SF007	北京市优旺**有限公司	33,600.00				
4	SF009	北京市凯进**有限公司	22,400.00				

步骤 2：将两个金额相减，核对结果

接下来再增加一列“结果”，在 E2 单元格中输入下图所示的公式（即两个金额相减），输入完成后将公式向下复制。

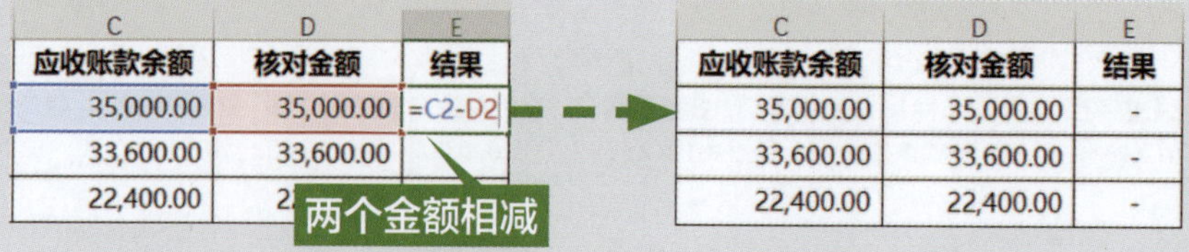

C	D	E
应收账款余额	核对金额	结果
35,000.00	35,000.00	=C2-D2
33,600.00	33,600.00	
22,400.00	2	

C	D	E
应收账款余额	核对金额	结果
35,000.00	35,000.00	-
33,600.00	33,600.00	-
22,400.00	22,400.00	-

如果“结果”列的数值为 0（图中使用的是会计专用格式，“0”显示为“-”），则证明两个金额相符；否则证明询证函中的金额与账簿登记的金额不符，还需进一步查找原因。

通过以上方式来查账，即使有上千条数据要比对，也只需两步就可以完成，相比手动查账，使用 VLOOKUP 函数来查账的工作效率会高很多。

3.2 银企对账，快速出结果

银企对账是财务工作中非常重要的一个环节，准确、及时地完成对账工作，能够有效避免差错，堵塞资金漏洞，提高资金运营的效益，对双方来说都是有益的。

无论什么样的企业，都会与银行存在资金往来业务，因此需要财务人员核对的账目也会很多。如果不会借助 Excel 来核对数据，每到月底，财务人员就难免要为此加班。

> 这么多数据，一笔一笔核对，看到最后眼睛都花了！

银行对账单上的交易日期与企业的凭证登记日期可能存在不同，不是一一对应的，如下图所示；而且随着交易数据的增多，多个金额相同的情况也会很多，即两份数据存在互相包含和重叠的部分。

因此，想要通过日期来匹配金额、核对账目就不太现实，即 3.1 节中使用的 VLOOKUP 函数在本案例中已经不适用了。这样的两份数据该如何核对呢？

COUNTIF 函数是一个单条件计数函数，它可以对指定区域中符合条件的单元格进行计数。将 COUNTIF 函数用在本案例中，就可以帮助小龙解决银企对账的问题。其语法格式如下。

COUNTIF（指定区域，指定条件）

步骤1：将银行存款日记账和银行对账单的数据简化

创建一个空白工作表，重命名为"核对"，然后保留银行存款日记账和银行对账单中需要核对和匹配的数据（为了展示核对效果，本案例只保留"金额"列的数据），将其复制到"核对"表中并分别命名为"企业数据"和"银行数据"，再创建两个空白列用于核对，分别命名为"银行存在"和"企业存在"，如下图所示。

	A	B	C	D	E
1	企业数据	银行存在		银行数据	企业存在
2	1,791.40			1,791.40	
3	1,800.00			1,800.00	
4	9,360.00			9,360.00	
5	20,000.00			20,000.00	
6	199,791.57			199,791.57	

步骤2：使用 COUNTIF 函数核对两列数据

输入 COUNTIF 函数核对两列数据。首先统计银行数据与企业数据重复的个数，统计结果放在 B 列；再统计企业数据与银行数据重复的个数，统计结果放在 E 列。公式如下图所示。

以上公式只需输入一次，然后向下填充即可。

如果计数结果为 1，表示对方存在一个重复数据，不必再核对。

如果计数结果为 0，则表示对方没有重复数据，需要核实对方是否有未达账项，即账务已发生而未及时登记，或者自身有多记的情况。

如果计数结果大于 1，则表示对方存在多个重复数据，需要先核对双方大于 1 的个数是否相同。如果个数相同，则不必再核对（表示有多笔款项金额相同）；如果个数不同，则需要进一步核对双方是否有未达账项，即是否有多记或漏记的情况。

利用这种方法，数据再多也不需要加班核对，一个 Excel 函数就可以轻松搞定。

3.3 分析各部门费用，竟然可以这么简单

财务人员除了要完成基本的财务核算、对账、报表制作等工作外，还需要具备一定的财务分析能力。

虽然目前借助财务软件已经能够完成大部分的财务工作，但是在响应领导需求，对财务数据进行灵活的处理与分析方面，Excel 比财务软件更具有优势。

下图展示的是小龙登记的一份日常费用明细表，表格内容是根据报销日期登记的。

	A	B	C	D	E	F	G
1	报销日期	员工编号	姓名	所属部门	费用类别	金额（元）	备注
2	2019/10/6	SL01101	魏寻文	生产部	成本费用	200	材料损耗
3	2019/10/8	SL01102	施枫	生产部	成本费用	600	外购燃料
4	2019/10/7	SL01103	周菁	生产部	成本费用	500	辅助材料
5	2019/10/9	SL01107	严佳玲	行政部	管理费用	300	办公费
6	2019/10/9	SL01108	孔敏茹	销售部	销售费用	38	信用卡(服务费)
7	2019/10/9	SL01109	沈丹	生产部	成本费用	200	办公费
8	2019/10/9	SL01110	许昭娣	生产部	成本费用	800	外购燃料
9	2019/10/9	SL01111	戚玉亭	生产部	成本费用	300	办公费
10	2019/10/10	SL01112	蒋昭东	生产部	成本费用	30	材料损耗

这天，领导想要分析各部门的费用使用情况，让小龙做一份各部门费用情况统计表。小龙通过筛选，手动汇总出各部门的费用总金额，并且制作了柱形图以供领导查看，如下图所示。

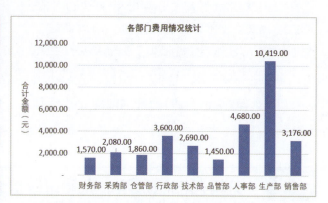

部门	合计金额（元）
财务部	1,570.00
采购部	2,080.00
仓管部	1,860.00
行政部	3,600.00
技术部	2,690.00
品管部	1,450.00
人事部	4,680.00
生产部	10,419.00
销售部	3,176.00
总计	31,525.00

事实上，Excel 有一个非常高效的统计汇总功能——**数据透视表**。只要选中数据区域中的任意一个单元格，插入数据透视表，很快就能完成统计工作，并且可以随时更新汇总结果。

以下步骤虽然看起来麻烦，但是熟练掌握后，只要动动鼠标就可以完成数据统计，一定会让工作变得更轻松。

步骤1：创建数据透视表

选中日常费用明细表中数据区域中的任意一个单元格，❶切换到【插入】选项卡；❷在【表格】组中❸单击【数据透视表】按钮；在弹出的【创建数据透视表】对话框中，Excel 已经自动选择好数据区域，这里保持默认设置即可；❹选择放置数据透视表的位置，操作完成后单击【确定】按钮。

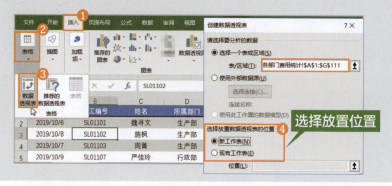

在弹出的【数据透视表字段】任务窗格中，❶将字段列表中的【所属部门】字段拖曳至【行】区域；❷将【金额】字段拖曳至【值】区域，如下图所示。

步骤2：设置汇总方式

在【数据透视表字段】任务窗格中，❶单击【值】区域中的下拉按钮 ；❷在弹出的下拉列表中选择【值字段设置】选项；❸在弹出的【值字段设置】对话框中，切换到【值汇总方式】选项卡，在【计算类型】列表框中选择合适的计算类型，本案例中选择【求和】。最后对数据透视表进行适当的设置，如下图所示。

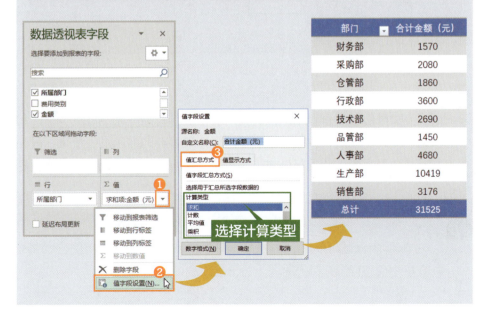

步骤3：插入数据透视图

❶切换到【插入】选项卡；❷单击【图表】组中的【数据透视图】按钮的下半部分；❸在下拉列表中选择【数据透视图】，弹出【插入图表】对话框，选择合适的图表类型后单击【确定】按钮。

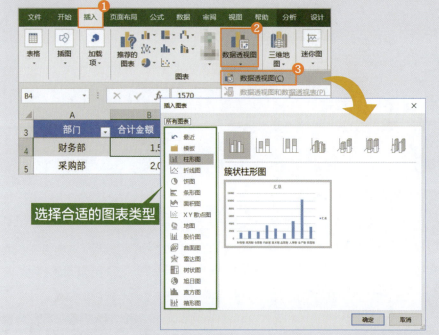

插入数据透视图后，当数据透视表或源数据发生变化时，数据透视图也会跟着变化，无须修改或重新制作。

上述步骤虽然看起来复杂，但其实所有的操作总结下来也就三步，比起手动筛选、复制、粘贴，效率更高。并且，如果领导的需求发生变化，只要在【数据透视表字段】任务窗格中拖曳相关字段至对应区域，即可完成新的汇总。

> **提示**
> 本案例中只是简单介绍数据透视表的功能，关于其详细用法，本书第10章中会做详细介绍。

3.4 汇总集团公司的报表，"偷懒"有妙招

随着网络时代的到来，多数集团公司在收集各分公司报表数据时，可能会采用自动化或工作簿共享的统计方式。但是部分集团公司还是会采用分开收集、统一汇总的方式。

如果集团公司没有对报表格式进行规范，由于每个制表人的习惯不同，分公司上交的报表格式不同也是正常的。关键是面对大量的财务报表，财务人员该如何汇总呢？如果单纯依靠手动计算汇总，不仅效率低，还很容易出错。

这时如果借助 Excel 来汇总，情况就完全不同了。Excel 可以针对不同的汇总需求，用不同的工具来应对，无论数据量有多大，都能够快速完成汇总，更重要的是在保证效率的同时还能够保证质量。

下面以一个简单的操作为例，展示在 Excel 的辅助下，汇总数据的效率有多高。

首先，为了便于统计汇总，应该将报表规范化。这就需要集团公司在收集报表数据时，为各子公司提供统一格式的模板，如下图所示。

▲集团公司提供的统一模板

子公司在收到上述表格模板后，只需按要求填表，填好后再上交集团公司。

财务精英这样用

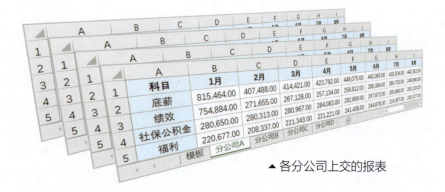

▲ 各分公司上交的报表

分公司上交报表后，集团公司需要完成重要的数据汇总工作。汇总多张表的数据到一张表的方法有很多，不同的方法有各自的优势和适用场景。以上图所示的表格为例，其报表格式完全相同，用一个简单的合并计算功能就可以完成数据汇总。

步骤1：创建空白汇总表

❶新建一张空白工作表，重命名为"汇总表"，用于存放汇总数据；❷单击汇总表的A1单元格，表示汇总后的数据从A1单元格开始存放；❸切换到【数据】选项卡；❹单击【数据工具】组中的【合并计算】按钮。

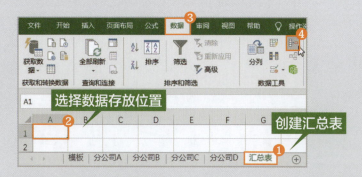

步骤2：指定要进行求和的数据区域

❶打开【合并计算】对话框后，【函数】文本框中默认选择的是【求和】，保持不变；❷将光标定位在【引用位置】文本框中，选取分公司报表中的数据区域；❸单击【添加】按钮，将【引用位置】添加到【所有引用位置】列表框中。

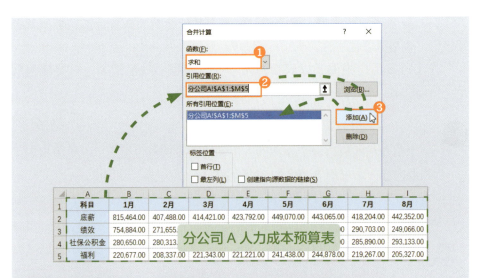

步骤3：重复步骤2，直到所有分公司的数据区域都添加完成

步骤4：选择标签位置，完成汇总

本案例中需要汇总区域的首行和最左列都是标题，在汇总时需要按照首行和最左列指定的单元格位置进行汇总，因此需要❶勾选【首行】和【最左列】复选框；❷单击【确定】按钮，生成汇总表，如下图所示。

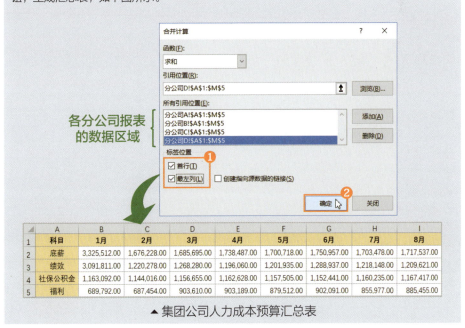

▲ 集团公司人力成本预算汇总表

只要分公司规范填表，集团公司使用合并计算功能来统计汇总数据就会很轻松，表格再多也不怕。

其实财务工作中很多报表合并困难都与流程不规范相关。只要流程规范，再借助 Excel 的功能，报表合并就不再是问题。

> 提示
>
> 本节介绍的只是一个小案例，用到的合并功能也很简单。更多报表合并的内容，本书第 5 章会做详细介绍。

技巧篇

财务人员必备的"偷懒"技巧

财务工作非常琐碎,对于财务人员来说,花时间学习一些技巧,就能够将大量的烦琐操作简化。有些工作的确需要重复操作,如果能熟练掌握一些快捷操作或批量处理技术,就会事半功倍。

第 4 章

批量整理财务表格，事半功倍

- 想要批量提取、删除、填充数据？
- 多列数据混在一起，怎么办？
- 不规范数据格式，怎么处理？
- 多个工作簿要修改，怎么办？
- 批注太多，无从下手？

第 4 章 批量整理财务表格，事半功倍

通过前面章节的学习，相信你已经知道数据规范的重要性了，在做表时一定要确保数据的规范性。

但是财务人员在日常工作中还会遇到这样的情况：有些数据是从别处获取的，可能来自网络，也可能是从系统中导出的，或是其他部门的同事提供的。这些数据就很难保证都是规范的了。当面对千奇百怪的数据时，如何快速整理就成为一大难题。

本章就给大家介绍批量整理财务数据的技巧。它们究竟有哪些妙用呢？马上为你揭晓！

 商品销售明细表：数据的分列与提取

4.1.1 将一列数据拆分成多列

从系统导出的数据表中，经常会出现下图所示的情况：日期和时间在一列中，"商品信息"列中包含多项信息。

订单编号	下单时间	产品编码	商品信息
SL-2020-1-3-LH001-001	2020/1/3 9:09:48	LH001	水动力特润嘟嘟水120ml瓶
SL-2020-1-3-HH001-003	2020/1/3 9:51:37	HH001	茶蓊亮肌洁面乳100ml瓶
SL-2020-1-5-MF002-001	2020/1/5 11:35:49	MF002	雪玲珑净白清透洁面晶120g支
SL-2020-1-5-HH001-005	2020/1/5 12:20:25	HH001	雪玲珑至臻无暇净白精纯素30ml瓶
SL-2020-1-5-HH002-006	2020/1/5 12:33:28	HH002	雪玲珑晶纯润白柔肌乳120ml瓶
SL-2020-1-6-LH003-002	2020/1/6 13:20:01	LH003	雪玲珑晶纯活肤嫩白霜50g瓶

在数据处理过程中，通常会将日期和时间分开统计，将商品的名称、规格和单位也分开统计，以便于汇总分析。如果碰上上图这样的情况，就需要对数据进行拆分。

在【数据】选项卡下，【数据工具】组中有一个【分列】按钮，选中数据，单击【分列】按钮就可以进行分列操作。

分列工具中自带的分列方式有两种：按分隔符号拆分和按固定宽度拆分。

在分列之前，首先要观察数据，找出数据的特征，然后匹配合适的分列方式。下面分别介绍两种分列方式的用法。

按分隔符号拆分

当要拆分的数据之间都有明显的分隔符号时，可选用按分隔符号拆分的方式。以右图所示的下单时间为例，仔细观察可以看到，在日期和时间之间都有一个空格，只要按空格进行拆分，就可以将数据分成两列。具体操作步骤如下。

01» 打开本实例的原始文件，这里要将B列拆分为两列，所以❶先在B列右侧插入两个空白列，新插入的列的格式与左边列的相同。为了不影响拆分后的日期格式，需要❷将新插入的空白列的数据格式设置为【常规】。

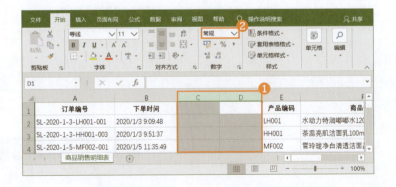

02» ❶选中B列，❷切换到【数据】选项卡，❸单击【数据工具】组中的【分列】按钮，弹出文本分列向导对话框，❹选中【分隔符号】单选钮，❺单击【下一步】按钮。

第 4 章 批量整理财务表格，事半功倍 51

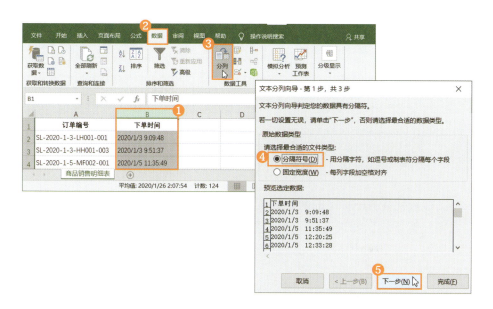

03» 进入文本分列的第 2 步，❶在【分隔符号】组中勾选【空格】复选框，在【数据预览】列表框中即可看到分列效果，❷单击【下一步】按钮，进入文本分列的第 3 步，❸将光标定位在【目标区域】文本框中，然后单击工作表中的 C1 单元格，表示分列后的数据从 C1 单元格开始存放，❹单击【完成】按钮。

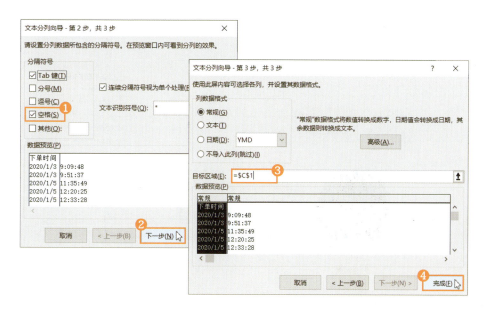

04 » 分列完成后,将 C 列的标题改为"下单日期",D 列的标题改为"下单时间",最终效果如下图所示。

	A	B	C	D	E	F
1	订单编号	下单时间	下单日期	下单时间	产品编号	商品
2	SL-2020-1-3-LH001-001	2020/1/3 9:09:48	2020/1/3	9:09:48	LH001	水动力特润嘟嘟水120
3	SL-2020-1-3-HH001-003	2020/1/3 9:51:37	2020/1/3	9:51:37	HH001	茶蒜亮肌洁面乳100m
4	SL-2020-1-5-MF002-001	2020/1/5 11:35:49	2020/1/5	11:35:49	MF002	雪玲珑净白清透洁面
5	SL-2020-1-5-HH001-005	2020/1/5 12:20:25	2020/1/5	12:20:25	HH001	雪玲珑至臻无暇净白
6	SL-2020-1-5-HH002-006	2020/1/5 12:33:28	2020/1/5	12:33:28	HH002	雪玲珑晶纯润白柔肌

文本分列共有三步,前两步设置分列方式,第三步设置拆分后的列数据格式和目标区域。如果对拆分后的数据格式没有要求,则不用设置数据格式。例如,本案例中系统会自动识别拆分后的日期,因此无须设置数据格式,保持默认设置即可。

这里要特别提一下第三步中目标区域的设置。这里的目标区域指的是拆分后的数据开始存放的位置,默认的是拆分前的列所在的位置,如果保持默认设置,则拆分后的列将覆盖拆分前的列。因此**要根据拆分后的列数和数据开始存放的位置,预估需要多少空白列,在分列操作之前将其插入**(例如本案例中第 1 步的做法:提前插入两个空白列),否则拆分后的列将覆盖其他列的数据。

🖱 按固定宽度拆分

有时在合并数据中并没有统一的分隔符号,这样就无法使用分隔符号进行拆分。以收集的员工银行卡卡号为例,每张银行卡卡号后面都有员工姓名,如右图所示。碰到这样的情况该如何拆分数据呢?

别急!我这儿还有一招:按照固定宽度拆分。

第 4 章 批量整理财务表格，事半功倍　　53

由于银行卡卡号都在左侧，员工姓名都在右侧，并且银行卡卡号的位数都是一样的，也就是位置都是固定的，因此可以按固定宽度进行分列。具体操作步骤如下。

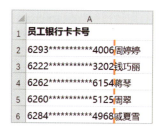

01» 打开本实例的原始文件，❶选中要拆分的数据，❷切换到【数据】选项卡，❸单击【数据工具】组中的❹【分列】按钮，弹出文本分列向导对话框，❺选中【固定宽度】单选钮，❻单击【下一步】按钮。

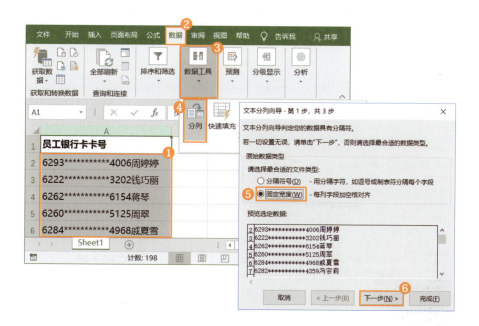

02» 进入文本分列的第 2 步——设置分列线。❶在【数据预览】列表框中的银行卡卡号和员工姓名之间单击，即可出现有箭头的直线，如果这条直线的位置没有问题，则❷单击【下一步】按钮。

财务精英这样用

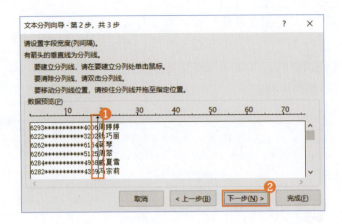

> **提示**
>
> 在添加分列线时，如果数据要分出多列，则可以同时添加多条分列线。
>
> 当分列线的位置有偏差时，可以选中分列线，然后通过拖曳来调整其位置。
>
> 如果要删除分列线，可以在对应分列线上双击；也可以选中分列线，然后向左拖曳，将其移出【数据预览】列表框。

03» 进入文本分列的第3步，设置列数据格式和目标区域的位置，这里保持默认设置即可，单击【完成】按钮。

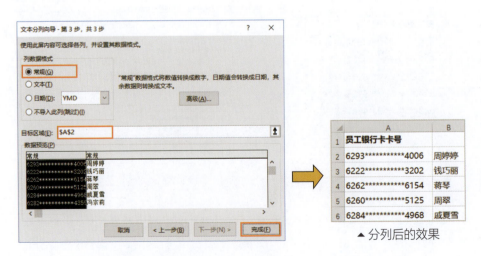

▲ 分列后的效果

第 4 章 批量整理财务表格，事半功倍　55

以上介绍的两种分列方式你都掌握了吗？

虽然这两种分列方式可用于多数情况下的数据分列，但是如果待分列数据的情况再复杂一点儿（即无法按分隔符号和固定宽度分列），那么分列工具就不适用了。

例如以上案例中，如果员工姓名在银行卡卡号的左侧（姓名的字数不同），如右图所示，这种情况怎么办呢？

员工银行卡卡号
周婷婷6293***********4006
钱巧丽6222***********3202
蒋琴6262***********6154
周翠6260***********5125
戚夏雪6284***********4968
冯宗莉6282***********4359
张远琴6282***********2582
韩蓓6259***********2364

别担心，Excel 还有一种超级厉害的文本处理方法，马上给大家介绍！学习完 4.1.2 小节的内容，这个问题你就可以自己解决了。

4.1.2　批量提取商品信息

在下图所示的表格中，商品的基本信息（商品名称、规格和单位）都被填写在一列中，如何从"商品信息"列中提取出单位呢？

商品信息	单位
水动力特润嘟嘟水120ml瓶	
茶蕊亮肌洁面乳100ml瓶	
雪玲珑净白清透洁面晶120g支	
雪玲珑至臻无暇净白精纯素30ml瓶	
雪玲珑晶纯润白柔肌乳120ml瓶	

▲ 商品基本信息被填入一列

商品信息	单位
水动力特润嘟嘟水120ml瓶	瓶
茶蕊亮肌洁面乳100ml瓶	瓶
雪玲珑净白清透洁面晶120g支	支
雪玲珑至臻无暇净白精纯素30ml瓶	瓶
雪玲珑晶纯润白柔肌乳120ml瓶	瓶

▲ 从"商品信息"列提取出单位

仔细观察可能会发现，单位前面的字符不是字母"l"就是"g"，分别按照"l"和"g"进行分列，也是可以提取出单位的。但是，如果提取的数据再复杂一些呢？例如下页图中，要从"商品信息"列提取出商品名称和规格，就无法使用分列工具完成。

▲ 从"商品信息"列提取出商品名称和规格

下面介绍的一种厉害的功能——快速填充。只要提供样本数据，然后单击【开始】选项卡的【编辑】组中的【填充】按钮，在弹出的下拉列表中选择【快速填充】选项；或者单击【自动填充选项】按钮，选中【快速填充】单选钮。以上操作完成后，Excel 就会自动完成剩下所有数据的填充。

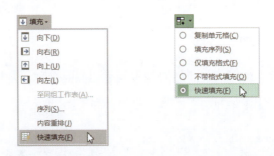

如果数据结构很简单，只提供一个样本数据就够了；如果数据结构较复杂，则可以多提供几个样本数据。样本数据越多，Excel 越容易识别出数据间的规律，智能提取操作也就越精确。下面以提取上面例子中的商品信息为例，演示具体的操作步骤。

第 4 章 批量整理财务表格，事半功倍 57

01» 打开本实例的原始文件，要从"商品信息"列中提取商品名称，首先在 G2 单元格中输入样本数据。为了提取操作更精确，可以输入两个样本数据，如下图所示。

02» ❶选中"商品名称"列下的所有单元格，❷切换到【开始】选项卡，❸单击【编辑】组中的❹【填充】按钮，❺在弹出的下拉列表中选择【快速填充】选项。

操作完成后，商品名称就全部被提取出来了，效果如下图所示。

以上是使用菜单按钮的方式操作的，接下来介绍如何使用【自动填充选项】按钮来提取数据。

01» 在 H2、H3 单元格中输入样本数据，如下页图所示。

02» ❶选中 H2:H3 单元格区域，❷将鼠标指针移动到 H2:H3 单元格区域的右下角，当鼠标指针变成十字形状时双击。

03» 双击后数据会自动向下填充，默认是按照样本数据进行等差填充。此时在填充数据的旁边会出现一个【自动填充选项】按钮，❶单击此按钮，❷在弹出的下拉列表中选中【快速填充】单选钮。

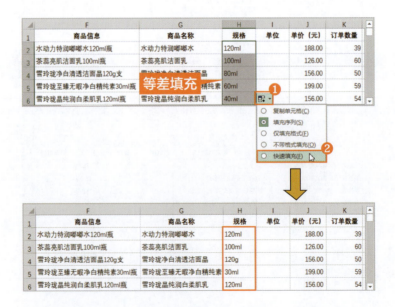

从商品信息中提取单位的操作与上述方法相同，这里不再重复，最终效果如下页图所示。

第 4 章 批量整理财务表格，事半功倍

	F	G	H	I	J	K
1	商品信息	商品名称	规格	单位	单价（元）	订单数量
2	水动力特润嘟嘟水120ml瓶	水动力特润嘟嘟水	120ml	瓶	188.00	39
3	茶蕊亮肌洁面乳100ml瓶	茶蕊亮肌洁面乳	100ml	瓶	126.00	60
4	雪玲珑净白清透洁面晶120g支	雪玲珑净白清透洁面晶	120g	支	156.00	50
5	雪玲珑至臻无瑕净白精纯素30ml瓶	雪玲珑至臻无瑕净白精纯素	30ml	瓶	199.00	59
6	雪玲珑晶纯润白柔肌乳120ml瓶	雪玲珑晶纯润白柔肌乳	120ml	瓶	156.00	54

> **提示**
> 在输入样本数据后，选中需要填充的区域，按【Ctrl】+【E】组合键即可完成快速填充操作。

学完以上内容，4.1.1 小节最后的问题解决起来是不是很简单了呢！使用快速填充功能，只需两步就能完成员工姓名和银行卡卡号的分列，自己动手试一下吧！

快速填充功能不仅能拆分数据、提取字符，还能合并字符串、添加字符等。

合并字符串

字符串1	字符串2	合并字符串
北京	A公司	北京A公司
重庆	B公司	
上海	C公司	
大连	D公司	
广州	E公司	

→

字符串1	字符串2	合并字符串
北京	A公司	北京A公司
重庆	B公司	重庆B公司
上海	C公司	上海C公司
大连	D公司	大连D公司
广州	E公司	广州E公司

添加字符

编码	添加分隔符
SLHH001003	SL-HH-001-003
SLMF002001	
SLHH001005	
SLHH002006	
SLLH003002	

→

编码	添加分隔符
SLHH001003	SL-HH-001-003
SLMF002001	SL-MF-002-001
SLHH001005	SL-HH-001-005
SLHH002006	SL-HH-002-006
SLLH003002	SL-LH-003-002

4.2 应付账款明细表：不规范数据的清洗

4.2.1 不规范日期格式批量清洗

在 2.1 节中介绍过不规范的日期格式（非法日期格式），也介绍了日期格式不规范可能会给后续工作带来的麻烦，相信读者已经知道在输入日期时一定要按照 Excel 能够识别的规范日期格式输入。但是，在工作中经常会遇到不规范的日期格式，在使用之前必须将它们清洗为规范的日期格式。

遇到不规范日期格式，如果一个个手动修改，那真的是太费时间了。本节就来具体介绍如何批量清洗不规范的日期格式。下面主要介绍两种方法：使用查找替换功能和使用分列工具。

使用查找替换功能

有些日期使用了 Excel 不能识别的分隔符号进行分隔，例如下图中"发票日期"列（C 列）的日期就使用了"."和"\"分隔。该列日期格式不规范，导致使用公式计算的"结算日期"列（G 列）数据出现了错误。

如果只是分隔符号错误，可以使用查找替换功能，将错误的分隔符号替换成 Excel 能够识别的"/"或"-"，下面演示具体的操作步骤。

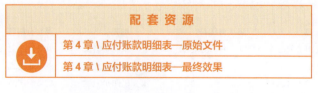

配套资源
第 4 章\应付账款明细表—原始文件
第 4 章\应付账款明细表—最终效果

请观看视频

第 4 章 批量整理财务表格，事半功倍 61

01»打开本实例的原始文件。❶选中 C2 单元格及其下方的所有数据区域，❷按【Ctrl】+【H】组合键。

02»弹出【查找和替换】对话框，❶在【替换】选项卡中的【查找内容】文本框中输入第一种分隔符号"."，❷在【替换为】文本框中输入分隔符号"/"，❸单击【全部替换】按钮，系统提示完成 84 处替换，❹单击【确定】按钮。

03»返回【查找和替换】对话框，❶在【查找内容】文本框中输入第二种分隔符号"\"，❷【替换为】文本框中的内容不变，仍为"/"，❸单击【全部替换】按钮，系统提示完成 84 处替换，❹单击【确定】按钮。

04» 关闭【查找和替换】对话框，返回工作表，可以看到C列的日期格式已经整理好了。由于C列的日期格式规范，所以使用了公式的G列自动得到正确结果，效果如下图所示。

	A	B	C	D	E	F	G	H	I
1	合同编号	摘要	发票日期	成本期间	预估成本	结算期（天）	结算日期	发票金额	实际应付款
2	JZC2020040705	采购货品	2020/4/7	2020	21,238.94	60	2020/6/6	30,000.00	30,000.00
3	JZC2020040706	采购货品	2020/4/7	2020	21,238.94	60	2020/6/6	30,000.00	30,000.00
4	JZC2020040707	采购货品	2020/4/7	2020	21,238.94	60	2020/6/6	30,000.00	30,000.00
5	JZC2020040808	采购货品	2020/4/8	2020	21,238.94	60	2020/6/7	30,000.00	30,000.00
6	JZC2020040809	采购货品	2020/4/8	2020	21,238.94	60	2020/6/7	30,000.00	30,000.00
7	JZC2020040810	采购货品	2020/4/8	2020	21,238.94	60	2020/6/7	30,000.00	30,000.00

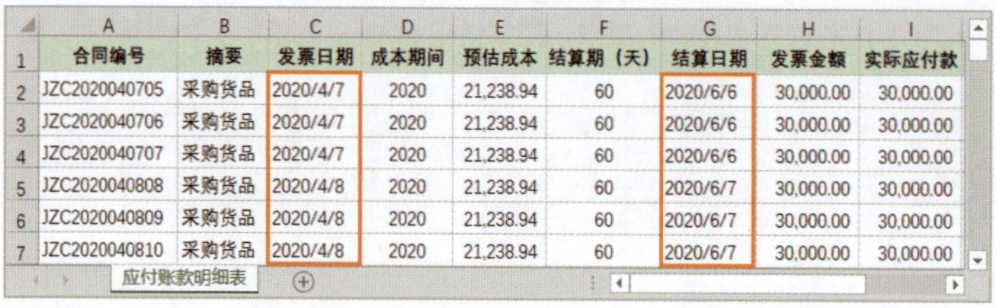

使用分列工具

如果有的日期没有使用分隔符号进行分隔，而是使用了像“20200412”这样的数字格式，就无法使用查找替换功能来整理。例如下图所示的“付款日期”列中就存在这样的不规范日期。

	D	E	F	G	H	I	J	K	L
1	成本期间	预估成本	结算期（天）	结算日期	发票金额	实际应付款	付款日期	已付金额	应付余额
2	2020	21,238.94	60	2020/6/6	30,000.00	30,000.00	2020.4.10	30,000.	
3	2020	21,238.94	60	2020/6/6	30,000.00	30,000.00	2020.4.10	6,000.	
4	2020	21,238.94	60	2020/6/6	30,000.00	30,000.00	2020.4.10	30,000.00	-
5	2020	21,238.94	60	2020/6/7	30,000.00	30,000.00	20200412	6,000.	
6	2020	21,238.94	60	2020/6/7	30,000.00	30,000.00	20200412	6,000.	

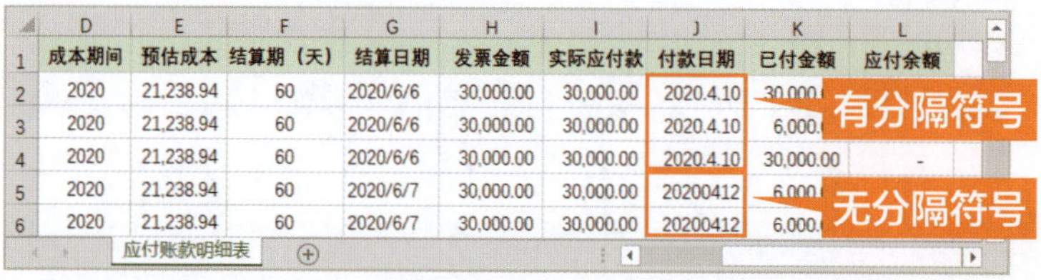

碰到这样的情况，即在同一列中既存在有分隔符号的规范日期，又存在没有分隔符号的不规范日期，就可以使用分列工具来整理。只要进行一次分列操作，就可以同时整理该列中的所有不规范日期。下面演示具体的操作步骤。

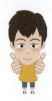

配 套 资 源

第 4 章 \ 应付账款明细表 01—原始文件

第 4 章 \ 应付账款明细表 01—最终效果

请观看视频

01» 打开本实例的原始文件，❶选中 J 列，❷切换到【数据】选项卡，❸单击【数据工具】组中的【分列】按钮。

第 4 章 批量整理财务表格，事半功倍　63

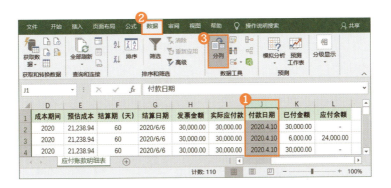

02» 弹出文本分列向导对话框，❶默认选中【分隔符号】单选钮，❷单击【下一步】按钮。

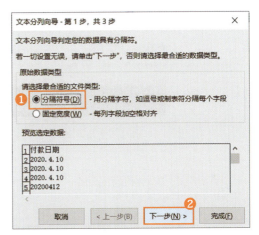

03» 进入文本分列的第 2 步，不做任何设置，直接单击【下一步】按钮。

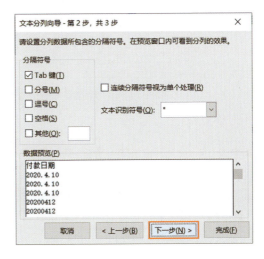

04» 进入文本分列的第3步——设置列数据格式。❶选中【日期】单选钮，默认格式为【YMD】。由于进行分列的目的只是变换数据格式，替换当前列即可，所以【目标区域】文本框的内容保持默认设置，❷单击【完成】按钮。

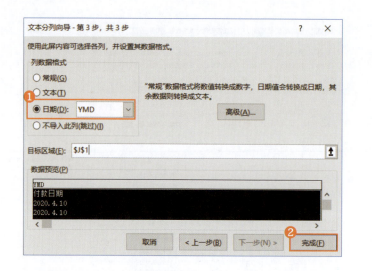

05» 可以看到 J 列的所有日期都变成了以"/"分隔的，最终效果如下图所示。

有了以上两种方法，你就能轻松调整不规范的日期格式，再也不用一个个修改了。

4.2.2 不规范数字批量清洗

公式和函数是 Excel 中非常强大的功能，由于这些功能的出现，财务人员的计算器都可以扔到一边了。但是在使用公式时经常会遇到这样的情况：明明输入的是数字，但是使用公式就是无法进行计算。

例如下页图所示，I2 单元格中的公式为"=SUM(D2:H2)"，即计算 D2:H2 单元格区域中的数据之和。但是我们会发现，在 I2 单元格的计算结果中并不包含 D2 单元格中的数据，而只是 E2:H2 单元格区域中的数据之和，并且 I 列其余单元格的计算结果都是同样的情况，即都遗漏了 D 列中的数据，这是为什么呢？

其实，这是 D 列的数据不规范造成的。仔细观察会看到，在 D 列中有数字的单元格的左上角都有一个绿色的小三角，这说明 D 列的这些数字都是文本型数字，而这些绿色的小三角就是文本型数字的标志。文本型数字在公式中是不参与计算的，因此如果函数引用的区域中包含文本型数字，在计算时就会被自动忽略。

在这里给大家介绍两种批量整理文本型数字的技巧，很快就可以将所有数据整理完成。

使用智能标记

配套资源

第 4 章 \ 人工成本分析表—原始文件
第 4 章 \ 人工成本分析表—最终效果

请观看视频

01» 打开本实例的原始文件，❶选中 D2 单元格及其下方的所有数据区域，在选中区域的旁边会出现一个智能标记，❷将鼠标指针移动到该智能标记上，显示数字为文本格式。

02» ❶单击智能标记，❷在弹出的下拉列表中选择【转换为数字】选项。

03» 操作完成后，可以看到 D 列单元格左上角的绿色小三角都消失了，文本型数字被转换成了真数字，并且 I 列中公式的计算结果全部正确。

使用分列工具

　　使用分列工具对数据进行分列时，可以预设分列后数据的格式。可以利用这一特性将文本型数字转换为真数字，下面演示具体的操作步骤。

配套资源

第 4 章 \ 人工成本分析表 01—原始文件
第 4 章 \ 人工成本分析表 01—最终效果

请观看视频

01» 打开本实例的原始文件，❶选中 D 列，❷切换到【数据】选项卡，❸单击【数据工具】组中的【分列】按钮。

第 4 章　批量整理财务表格，事半功倍　67

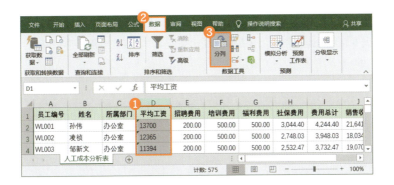

02»弹出文本分列向导对话框，❶选中【固定宽度】单选钮，❷单击【下一步】按钮，进入文本分列的第 2 步，这里不需要设置分列线，所以不需要做任何设置，❸单击【下一步】按钮。

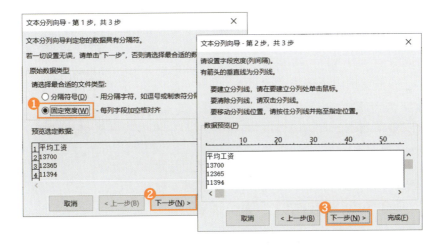

03»进入文本分列的第 3 步，由于【列数据格式】为常规时，分列操作会将列中的数值转换成数字，所以不用做任何设置，单击【完成】按钮。

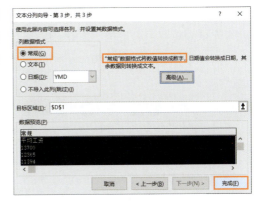

04» 操作完成后，可以看到 D 列单元格左上角的绿色小三角都消失了，文本型数字转换成了真数字，并且 I 列中公式的计算结果全部正确，如下图所示。操作完成后，再将 D 列的数字格式设置为会计专用格式。

> **提示**
>
> 　　**会计专用格式**是 Excel 数字格式中的一种，可以在【设置单元格格式】对话框中进行设置。设置为会计专用格式的单元格会显示千位分隔符。
>
> 　　以上案例中金额相关的数字都设置为会计专用格式，货币符号为【无】，小数位数为【2】。

4.2.3 同时对退货数据进行变负运算

　　在对同一组数据进行加、减、乘、除等运算时，往往能想到的方法就是利用函数计算后，再自动填充。但是该方法只适用于连续的数据区域，如果需要计算的数据是分散的，利用函数计算就比较复杂。

　　例如下图中，有填充颜色的单元格中的数据都是退货数据，需要进行变负运算。

第 4 章 批量整理财务表格，事半功倍

有个方法可以实现这一计算，那就是选择性粘贴。只要一步粘贴操作就可以同时完成多个单元格或单元格区域的计算，具体操作步骤如下。

01» 打开本实例的原始文件，❶在数据区域以外的任意一个空白单元格（例如 T1 单元格）中输入"–1"，❷按【Ctrl】+【C】组合键复制数据。

02» 选中所有需要进行变负运算的单元格（即有填充颜色的单元格），可以借助查找功能中的指定查找格式功能。按【Ctrl】+【F】组合键，弹出【查找和替换】对话框，❶单击【选项】按钮，❷单击【格式】下拉按钮，❸在弹出的下拉列表中选择【从单元格选择格式】选项。

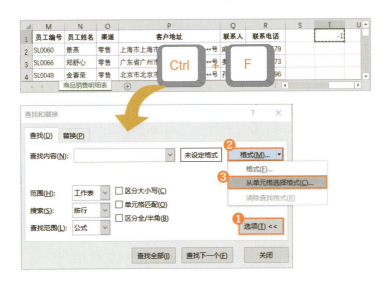

70　财务精英这样用

03》 这时鼠标指针变成吸管形状，表示可以吸取单元格格式，选中任意一个有填充颜色的单元格，例如 K4 单元格。

04》 单元格格式吸取成功后，【预览】按钮会显示吸取的格式效果。❶单击【查找全部】按钮，在对话框下方会出现所有指定格式的单元格位置，❷按【Ctrl】+【A】组合键即可全选查找到的所有符合要求的单元格。

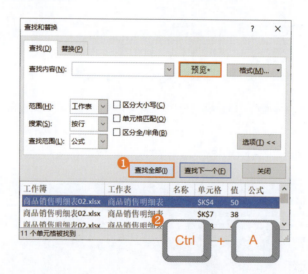

05》 关闭【查找和替换】对话框，❶选中任意一个单元格并单击鼠标右键，❷在弹出的快捷菜单中选择【选择性粘贴】选项。

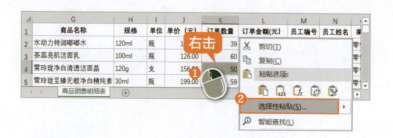

06» 弹出【选择性粘贴】对话框，❶选中【运算】组中的【乘】单选钮，❷单击【确定】按钮，所有选中的单元格数据都乘以"﹣1"，即变为负数了。

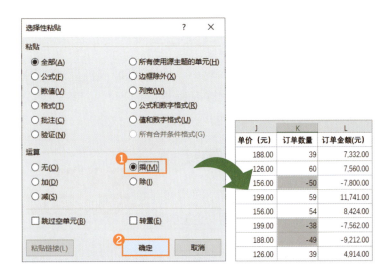

本案例介绍的是选择性粘贴在批量进行乘法运算中的应用，其实批量进行加减乘除的操作方法是一样的，只是在【选择性粘贴】对话框中选择的粘贴选项不同。

比起函数，使用选择性粘贴来运算更快捷，而且其运算结果直接为数值，也省去了将函数计算结果转换为数值的步骤。

4.3 费用报销明细表：行/列的批量整理

我们经常会遇到表格中某行或某列中有空单元格的情况，一般都需要对这些表格进行整理，使其形成规范的、便于统计分析的表格。针对不同的情况需要采用不同的整理方法，下面分别介绍。

4.3.1 将所有空单元格填补上"0"

有时在表格的某行或某列中，只有个别单元格是空的，如下页图所示。

表格中的空单元格和"0"是完全不一样的,"0"是个数值,而空单元格中是没有任何数据的。在使用数据透视表进行统计时,二者的计数结果也是不一样的,会分别进行统计,如下图所示。

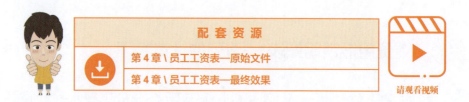

因此,在整理明细数据时,需要将这些空单元格全部补上"0",这样既不影响计算结果,也能避免后期统计时出现错误。

那么如何对表格中所有的空单元格进行批量填补呢?首先要做的工作就是选中表格中所有的空单元格。当然,不能逐个选中空单元格,这里需要用到定位功能,只要设置定位条件为"空值",就可以一次性选中数据区域中的所有空单元格。下面介绍具体的操作步骤。

配套资源

第 4 章 \ 员工工资表——原始文件
第 4 章 \ 员工工资表——最终效果

请观看视频

01» 打开本实例的原始文件,选中数据区域中的任意一个单元格,如 D2,然后按【Ctrl】+【A】组合键,选中整个数据区域。

第 4 章 批量整理财务表格，事半功倍 73

02» ❶切换到【开始】选项卡，❷在【编辑】组中❸单击【查找和选择】按钮，❹在弹出的下拉列表中选择【定位条件】选项。

03» 弹出【定位条件】对话框，❶选中【空值】单选钮，❷单击【确定】按钮，即可选中数据区域中的所有空单元格。

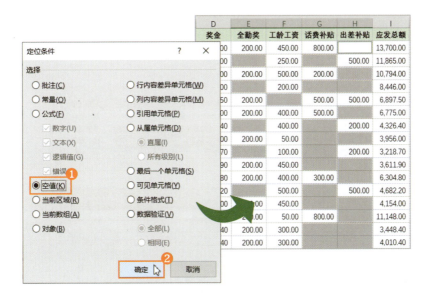

04» 在定位的第一个单元格中输入"0"，然后按【Ctrl】+【Enter】组合键，Excel 自动在所有定位的空单元格中都输入"0"。由于本案例中所有数字区域中都将数字格式设置为会计专用格

式，所以在输入"0"后，结果都显示为"-"，效果如下图所示。

> **提示**
>
> 将空单元格填补上"0"，除了统计方便，还有一个好处就是可以提醒读表人，该单元格中的数值为"0"，而不是漏填了。还要注意，填补"0"的操作不是对所有的表格都适用，要根据实际情况操作。

4.3.2 删除所有空单元格所在的行

除了对空单元格进行填补外，有时还需要将所有空单元格所在的行删除。例如在下图中，空单元格存在于小计行或整个空行中，若在明细表中遇到这样的情况，就需要将空单元格所在的行删除，因为明细表中不需要小计行和空行。

删除所有空单元格所在的行，同样需要用到定位功能。首先定位数据区域中所有的空单元格，方法与 4.3.1 小节相同；然后执行删除命令，删除空单元格所在的行即可。

第 4 章 批量整理财务表格，事半功倍   75

按【Ctrl】+【G】组合键即可打开【定位】对话框。

下面介绍具体操作步骤。

配 套 资 源

第 4 章 \ 费用报销明细表—原始文件

第 4 章 \ 费用报销明细表—最终效果

请观看视频

01» 打开本实例的原始文件，❶选中数据区域中的任意一个单元格，如 B3，❷按【Ctrl】+【G】组合键。

02» 弹出【定位】对话框，❶单击【定位条件】按钮，弹出【定位条件】对话框，❷选中【空值】单选钮，❸单击【确定】按钮。

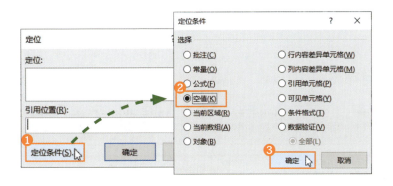

03» 操作完成后即可选中数据区域中的所有空单元格，❶此时在选中区域上方单击鼠标右键，❷在弹出的快捷菜单中选择【删除】选项，弹出【删除】对话框，❸选中【整行】单选钮，❹单击【确定】按钮。

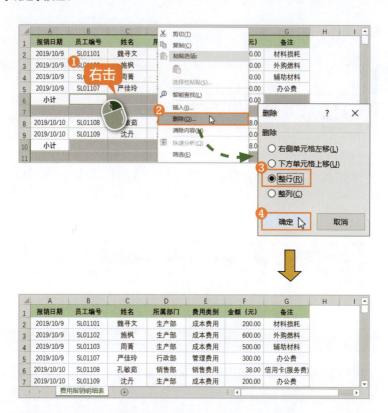

4.3.3 空白行/列的批量删除

在一些明细表中可能会既有整行为空的情况，也有部分单元格为空的情况，如下图所示。

第 4 章 批量整理财务表格，事半功倍

碰到这样的情况，如果只想删除空行，上一案例中定位空值的方法就不适用了。那么应该怎么办呢？

这种情况下可以借助高级筛选功能，筛选出不重复的记录，然后将筛选后的数据复制到其他位置。使用高级筛选功能筛选出不重复的记录后，只有一个空行会被保留下来，最后只需要将空行删除。下面演示具体的操作步骤。

配套资源

第 4 章\记账凭证登记表—原始文件

第 4 章\记账凭证登记表—最终效果

请观看视频

01》 打开本实例的原始文件，❶选中整个数据区域，❷切换到【数据】选项卡，❸单击【排序和筛选】组中的【高级】按钮。

02» 弹出【高级筛选】对话框，❶选中【将筛选结果复制到其他位置】单选钮，【列表区域】文本框中的内容保持默认设置，❷在【复制到】文本框中输入筛选后数据存放的位置（这里选中 A51 单元格），❸勾选【选择不重复的记录】复选框，❹单击【确定】按钮。

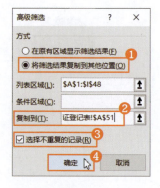

03» 筛选后不重复的数据被存放在 A51 单元格及其之后的区域中，如下图所示。

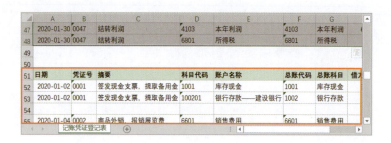

04» ❶选中筛选后数据中的空行，❷单击鼠标右键，❸在弹出的快捷菜单中选择【删除】选项，即可将空行删除。

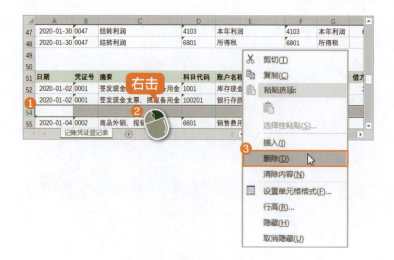

4.3.4 表格行列转换

财务人员在日常办公中，经常会遇到行和列的互换问题。下面我们就来解决这一问题。

例如在下图所示的表格中，如果继续向右添加各部门对应的各种费用的金额，表格就会变得很宽，操作起来很不方便，也不符合阅读习惯。

如果换一种方式显示，将宽表变成长表，如下图所示，一行显示一条数据，向下添加数据，操作就更方便，看起来也更舒服。

如何将向右添加数据的表格（宽表）变成向下添加数据的表格（长表）呢？如果数据比较少，可以使用【Ctrl】+【C】组合键和【Ctrl】+【V】组合键完成。但是如果数据太多，直接复制粘贴可能会非常麻烦。

其实 Excel 的粘贴功能非常强大，可以解决很多难题，其中选择性粘贴就有转置功能，可实现行列互换。下面介绍具体的操作方法。

01» 打开本实例的原始文件，❶ 单击数据区域中的任意一个单元格，例如 A1，❷ 按【Ctrl】+【A】组合键。

02» 选中整个数据区域后，按【Ctrl】+【C】组合键，复制数据区域的所有内容。

03» ❶选中要放置转置后数据区域的单元格（这里选中A5单元格），❷在A5单元格上单击鼠标右键，❸在弹出的快捷菜单中选择【选择性粘贴】选项。

04» 弹出【选择性粘贴】对话框，❶勾选【转置】复选框，❷单击【确定】按钮。

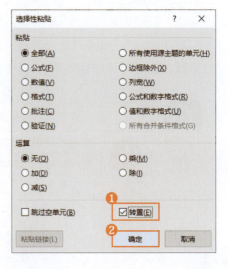

转置完成后的最终效果如下图所示。

最后,将1至4行多余的内容删除。

 员工奖励领取表:重复值的批量删除

明细数据中出现重复值或重复记录的情况很常见,它们一旦存在,就会导致汇总计算的结果错误。因此,在统计分析之前,需要对重复值进行处理,从而得到唯一的数据清单。那么,如何将重复的数据找出来并全部删除呢?

其实 Excel 中处理重复值的功能有很多,例如数据验证、条件格式、数据透视表、函数和高级筛选等。

Excel 中有这么多处理重复值的功能,操作时到底该选哪一个呢?

不同功能的使用场景是不同的,例如设置数据验证可以预防重复值出现,使用条件格式可以突出显示重复值,使用数据透视表或函数可以统计重复值的个数,使用高级筛选可以删除重复值。下面通过具体的实例来介绍删除重复值功能的具体用法。

4.4.1 删除单列数据中的重复值

在员工奖励领取表中记录了员工领取奖励的信息，其中包含同一员工多次领取不同奖励的情况，即同一员工出现多次。现在要统计有哪些员工领取过奖励，就需要从该表中将重复出现的员工删除，只保留该员工的一条记录。为了避免重名的情况，可以对员工编号进行删除重复值操作（每位员工的员工编号是唯一的），下面演示具体的操作步骤。

> 配套资源
> 第 4 章 \ 员工奖励领取表—原始文件
> 第 4 章 \ 员工奖励领取表—最终效果

01 » 打开本实例的原始文件，❶选中"员工编号"列的数据，❷按【Ctrl】+【C】组合键复制数据，❸单击 H1 单元格，❹按【Ctrl】+【V】组合键粘贴数据。

02 » ❶选中粘贴后的数据，❷切换到【数据】选项卡，❸单击【数据工具】组中的【删除重复值】按钮。

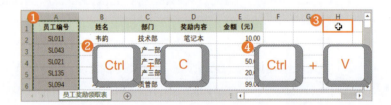

03》 弹出【删除重复值】对话框,这里默认全选"员工编号"列的数据,保持默认选项,单击【确定】按钮。

04》 弹出提示信息,单击【确定】按钮。

操作完成后,H 列剩下的员工编号就是所有领取过奖励的员工编号,通过员工编号就可以很快明确哪些员工领取过奖励。这样的操作是不是很简单呢?下面介绍另一种删除重复值的方法。

4.4.2 删除符合多个条件的重复值

有时候不只是要删除单列数据中的重复值,而且要删除部分列中包含重复值的整条记录,遇到这样的情况该怎么操作呢?

例如,在发放员工奖励前,需要先登记好每位员工的奖励内容和金额,按表发放。但是,在登记过程中,经常会出现重复登记的情况。为了避免重复发放,就需要在发放奖励前将重复记录删除。

本案例中存在同一员工(即员工编号相同)奖励内容相同、金额不同的情况,如下图所示。

员工编号	姓名	部门	奖励内容	金额(元)
SL011	韦韵	技术部	笔记本	10.00
SL011	韦韵	技术部	笔记本	20.00

以上情况视为不重复,因此只有在员工编号、奖励内容和金额同时相同的情况下才被视为重复记录,这样的记录需要删除。下面演示具体的操作步骤。

配 套 资 源

第 4 章 \ 员工奖励领取表 01—原始文件

第 4 章 \ 员工奖励领取表 01—最终效果

请观看视频

01» 打开本实例的原始文件，❶选中数据区域中的任意一个单元格（如 C4 单元格），❷切换到【数据】选项卡，❸单击【数据工具】组中的【删除重复值】按钮 。

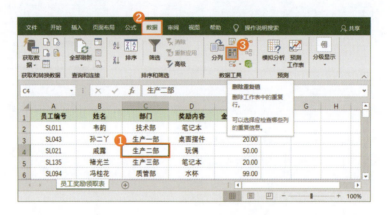

02» 弹出【删除重复值】对话框，❶单击【取消全选】按钮，❷勾选【员工编号】【奖励内容】【金额（元）】复选框，❸单击【确定】按钮。

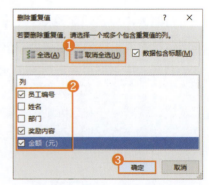

03» 弹出提示信息，单击【确定】按钮。

操作完成后,只有当员工编号、奖励内容和金额同时重复时,重复记录才会被删除。这样就能避免同一奖品重复发放的情况。

如果想要删除两条完全相同的记录,怎么办呢?
只需要在【删除重复值】对话框中勾选所有复选框。

4.5 固定资产折旧表:公式的批量应用

4.5.1 为合并单元格批量填充数据

很多财务人员在制作明细表时,喜欢合并同类项,然而,在明细表中进行合并的操作很容易导致后续统计出现错误。

例如在下图所示的固定资产折旧表中,对属于同一资产类别的单元格数据进行了合并。

当需要对上图所示的明细数据进行汇总时,就会出现问题。例如使用数据透视表对各资产类别下的资产数量进行统计时,会统计出错误的结果,如下页图所示。

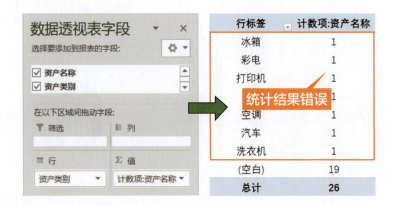

为什么会统计错误呢？将单元格取消合并后就能发现原因。这个操作很简单，只要选中合并区域，单击【数据】选项卡中的【合并后居中】按钮，在弹出的下拉列表中选择【取消单元格合并】选项。

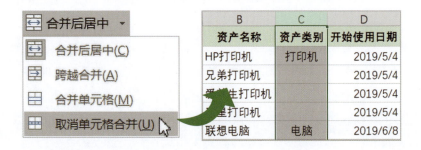

通过观察可以发现，取消合并后，只有合并区域的第一个单元格中才有数据，这就是本案例中使用数据透视表统计后每类资产只能统计到一个数据的原因。所以切记，在明细数据中一定不能合并单元格。

那么，如何将取消合并后的空白单元格全部填补上其上方单元格中的数据呢？该操作与4.3.1小节中介绍的将所有空单元格填补上"0"的操作相似，只是本案例中，除了用到定位功能外，还需要用到公式，因为每个空单元格填补的内容不同。下面演示具体的操作步骤。

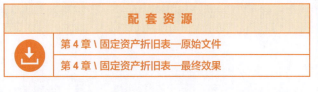

01» 打开本实例的原始文件，❶选中 C 列数据，❷切换到【开始】选项卡，❸单击【对齐方式】组中【合并后居中】按钮的左半部分。

02» 取消合并后，按【Ctrl】+【G】组合键，定位空单元格。

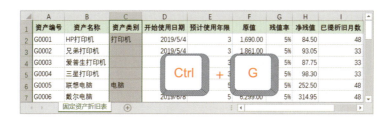

03» 打开【定位】对话框，❶单击【定位条件】按钮，弹出【定位条件】对话框，❷选中【空值】单选钮，❸单击【确定】按钮。

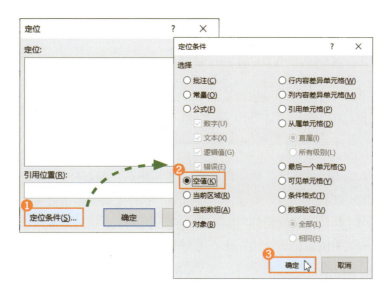

04» 操作完成后返回工作表，即可选中C列所有的空单元格。此时，在工作表的名称框中可以看到当前的活动单元格为 C3。

05» 由于 C3 单元格中要填补的内容与 C2 单元格相同，因此 ❶ 在 C3 单元格中输入公式"=C2"，由于这里使用了相对引用，因此可以将该公式复制到其他选中的空单元格中，使所有空单元格都引用其上方单元格的内容，❷ 按【Ctrl】+【Enter】组合键。

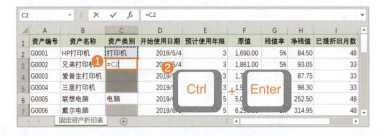

操作完成后，选中的空单元格就全部被填补上其上方单元格中的数据，如下图所示。

很多人觉得到这一步，数据填补完成就结束了，其实不然，还有很重要的一步没有做，那就是**将公式转换为固定数值**。填补完的数据是带有公式的，并且相对引用了其上方单元格的内容。在这样的情况下，如果对数据进行排序操作，公式的结果就会出错。例如在下页图中，对数据进行排序后，相对引用的内容就会随单元格的变化而变化，所以框起来的公式结果全是错误的。

第 4 章 批量整理财务表格，事半功倍 89

因此，需要将 05 中填补完成的公式全部转换为固定数值，这样即使排序，数值也不会发生变化。该操作需要借助选择性粘贴功能，在前面步骤的基础上操作，具体步骤如下。

06»❶选中 C 列，❷按【Ctrl】+【C】组合键复制数据。

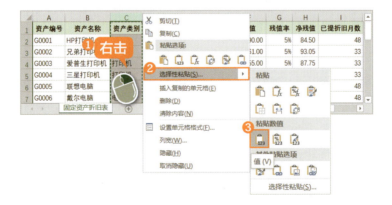

07»复制完成后，❶在 C 列上单击鼠标右键，❷在弹出的快捷菜单中选择【选择性粘贴】选项，❸在其级联菜单中单击【值】按钮。操作完成后，公式就转换为固定数值了。

4.5.2 批量清除手动录入的数据，同时保留公式模板

很多表格中都会用到公式，在更新表格时，如果将所有数据删除，公式

也会被一起删除。为了免除重新编写公式的烦恼，最好只删除手动录入的数据而保留公式模板。

例如，在下图所示的工资明细表中，既包含手动录入的数据，也包含公式计算的数据（如I列数据）。

在计算下个月的工资时，需要重新编制一张工资表，并且只保留A、B两列的数据、标题行和公式。这种情况下，如果逐行、逐列，甚至逐个区域删除数据，既麻烦，又很容易出错。该怎么办呢？

这时你有没有想到定位功能呢？在批量选择对象时，它可是一个好功能。虽然定位功能本身没有那么强大，但是当它与别的功能联合使用时就可以"一招制敌"。定位的范围如右图所示。

看到定位条件中的"空值"是不是很熟悉呢？没错！在4.3.1小节中使用定位空值，快速完成了对空单元格的批量填补。当碰到本案例中这种复杂的情况时，它也可以帮助我们快速选择指定类型的单元格，例如只定位数字常量。以下是具体操作。

01» 打开本实例的原始文件，❶选中数据区域中的任意一个单元格，❷按【Ctrl】+【G】组合键。

02» 弹出【定位】对话框，❶单击【定位条件】按钮，弹出【定位条件】对话框，❷选中【常量】单选钮，❸只勾选【数字】复选框，❹单击【确定】按钮。

03» 返回工作表可以看到，只选中了手动录入的数值所在的单元格，按【Delete】键删除。

删除完成后，选中的单元格的数据即被清除，最终效果如下页图所示。由于删除数值后，公式的结果都为"0"，而原单元格的数字格式设置为会计专用格式，在会计专用格式下"0"显示为"-"，所以我们看到的公式计算结果都为"-"。

保留公式和标题行必要的数据后，只要在相应位置输入数值，保留公式的列就会自动计算出结果。

> 关于定位功能中不同的定位条件分别能选中哪些目标，无法一一列举，快动手操作来寻找它们之间的区别吧！

4.5.3 公式批量替换，引用工作表更换后自动更新表格

表格中经常会使用公式，当公式引用的位置或工作表发生变化时，就需要对公式进行修改。如果只是个别公式需要修改，使用手动方式修改也可以；但是如果需要同时修改的公式很多，手动修改非常烦琐。有没有更快捷的方法呢？

答案当然是有。当需要修改公式时，首先应想到的方法就是<u>查找和替换</u>功能。很多人会觉得查找和替换功能的作用并不大，而且很常见，几乎每个Office软件里都有，因此会觉得它太过普通，不值得重视。事实却恰恰相反，正是因为查找和替换功能很强大，所以在很多软件里才都有这个功能。如果能够好好利用，它真的可以帮我们解决大问题。

例如，在下页图所示的"各部门生日津贴合计"表中，对"5月"工作表中的明细数据按部门进行了汇总，现在如果想要汇总"6月"工作表中的数据（各月工作表中的表格格式相同），就需要将标题和所有公式中的"5月"替换为"6月"，这样才能自动汇总"6月"工作表中的数据。

第 4 章 批量整理财务表格，事半功倍

也许有人会问：单元格中显示的是公式的结果，并没有"5月"的字样，怎么会想到使用查找和替换功能呢？其实原因在前面已经介绍过，即单元格中显示的内容只是数据的显示方式，选中单元格，编辑栏中的内容才是数据的本质内容。由于公式的引用位置中有"5月"，它是真实存在的，所以使用查找和替换功能是可以实现上述目的的。下面演示具体的操作步骤。

01» 打开本实例的原始文件，❶单击工作表中的任意一个单元格，❷切换到【开始】选项卡，❸单击【编辑】组中的❹【查找和选择】按钮，❺在弹出的下拉列表中选择【替换】选项。

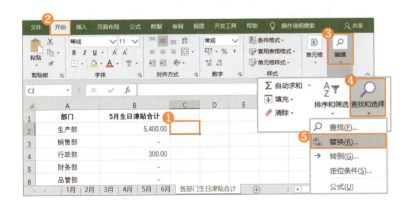

> **提示** 按【Ctrl】+【H】组合键可实现替换。上一步骤中单击工作表中的任意一个单元格后，按该组合键即可打开【查找和替换】对话框。

02» 弹出【查找和替换】对话框，默认切换到【替换】选项卡，❶在【查找内容】文本框中输入"5月"，❷在【替换为】文本框中输入"6月"，❸单击【全部替换】按钮。

03» 系统提示"全部完成。完成19处替换。"。单击【确定】按钮，返回【查找和替换】对话框。

04» 关闭【查找和替换】对话框，返回工作表，可以看到标题名称被替换为"6月生日津贴合计"，公式中的"5月"也被替换为"6月"。

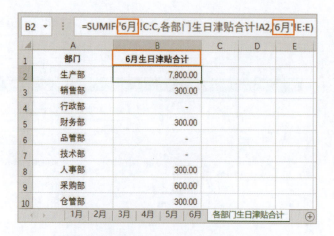

05» 确定是否所有公式都被替换完成。❶切换到【公式】选项卡，单击【公式审核】组中的❷【显示公式】按钮，所有包含公式的单元格中都将显示公式的具体内容，如下图所示。

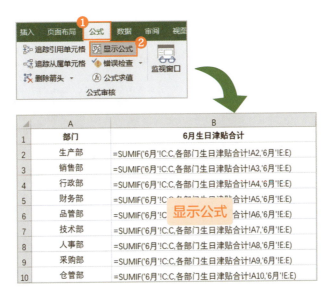

检查完成后，如果没有问题，只要再次单击【显示公式】按钮即可隐藏公式，显示计算结果。

前面介绍了批量替换公式中的工作表名的方法，以实现公式中引用的工作表更换后可以自动更新表格的目的。类似的案例或需求还有很多，虽然无法一一列举，但是其操作步骤几乎是相同的，只是替换的内容不同。

千万不要小看查找和替换功能，在整理数据时，它绝对是得力的助手。快动手来体验一下吧！

财务精英这样用

4.6 员工生日津贴表：录制宏，批量修改多张表

财务人员在日常工作中，经常会遇到需要同时修改多张表格的情况。例如下图中，需要同时修改<u>不同工作表的标题格式</u>。

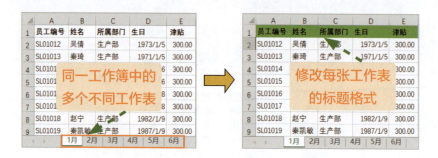

在这样的情况下，如果逐个手动修改就很浪费时间，为了减少重复操作，提高工作效率，可以通过<u>录制宏</u>来完成重复的操作步骤，后期只要执行宏操作，标题格式就能实现自动修改。下面介绍录制宏的具体操作步骤。

配套资源
- 第 4 章 \ 各月份员工生日津贴表 01—原始文件
- 第 4 章 \ 各月份员工生日津贴表 01—最终效果

请观看视频

01» 打开本实例的原始文件，以"1月"工作表为例，进行录制宏的操作。❶切换到"1月"工作表，❷切换到【视图】选项卡，❸单击【宏】按钮的下半部分，❹在弹出的下拉列表中选择【录制宏】选项。

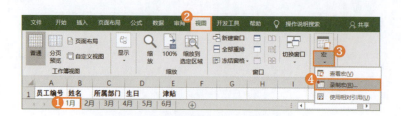

第 4 章 批量整理财务表格，事半功倍　97

02»弹出【录制宏】对话框，❶在【宏名】文本框中输入新建的宏名，本案例中宏的内容为设置标题格式，因此输入宏名"标题格式"；❷设置快捷键，注意不要与 Office 原有的快捷键冲突，这里将快捷键设置为【Ctrl】+【n】；❸单击【保存在】下拉按钮，❹在弹出的下拉列表中选择【个人宏工作簿】，❺单击【确定】按钮。

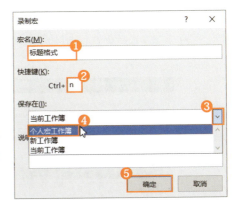

> **提示**
>
> 宏的保存位置有 3 种，具体如下。
> ①当前工作簿——宏只对当前工作簿有效。
> ②新工作簿——宏保存在一个新建工作簿中，对该工作簿有效。
> ③个人宏工作簿——宏对所有工作簿都有效，它会随第一个工作簿一起被打开，并被自动设置为隐藏状态，之后只要有工作簿在打开状态，个人宏工作簿就不会被关闭，可以随时使用其中包含的宏。因此，个人宏工作簿中的宏可以跨工作簿使用，极其方便。
> 对大多数录制的宏而言，保存在个人宏工作簿的方式是首选。

03»进入录制状态，之后进行的每一步操作都会被【宏】记忆，注意要操作准确，不然会加大计算量，容易出错。❶选中标题行（即 A1:E1 单元格区域），❷切换到【开始】选项卡，❸单击【字体】组中的【填充颜色】下拉按钮，❹在弹出的下拉列表中选择【绿色，个性色 6】。

04» 操作完成后，❶切换到【视图】选项卡，❷单击【宏】组中【宏】按钮的下半部分，❸在弹出的下拉列表中选择【停止录制】选项，结束录制。

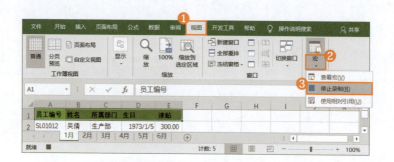

05» 在另一张工作表中运行宏。❶切换到"2月"工作表，❷由于录制的宏设置了快捷键，因此直接按【Ctrl】+【n】组合键即可运行宏。

执行宏的效果如下图所示。

由于本案例中录制的宏的保存位置在个人宏工作簿中，因此即使关闭录制该宏的工作簿，在其他任意一个工作簿中也都可以执行该宏的内容，具体效果这里不再演示。读者可以动手分别操作宏保存在3种不同位置，体验它们的不同效果。

录制完成后，还可以对录制完的宏进行查看和编辑操作，在上述步骤的基础上，具体操作如下。

06» ❶切换到【视图】选项卡，❷单击【宏】按钮的下半部分，❸在弹出的下拉列表中选择【查看宏】选项，弹出【宏】对话框，可以看到刚才录制的宏【PERSONAL.XLSB! 标题格式】，在该对话框中可以对其进行执行、编辑和删除等操作。

第 4 章 批量整理财务表格，事半功倍　99

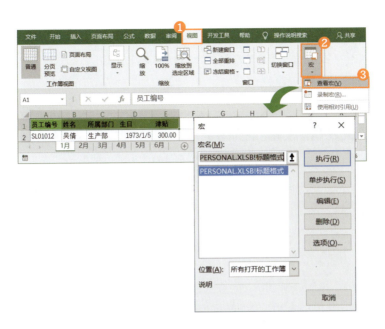

07» 如果要删除宏，选中指定宏后，单击【删除】按钮即可。但是在本案例中执行删除操作会弹出下图所示的对话框，这是由于个人宏工作簿是隐藏的，需要先将其打开。❶单击【确定】按钮，关闭【宏】对话框，返回工作表，❷切换到【视图】选项卡，❸单击【窗口】组中的【取消隐藏窗口】按钮，弹出【取消隐藏】对话框，❹单击【确定】按钮即可取消隐藏个人宏工作簿。

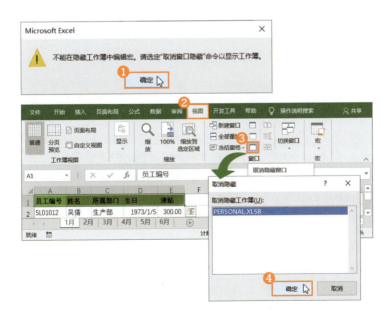

08» 打开个人宏工作簿后，❶切换到【视图】选项卡，❷单击【宏】按钮的下半部分，❸在弹出的下拉列表中选择【查看宏】选项，弹出【宏】对话框，❹选中【标题格式】，❺单击【删除】按钮即可将其删除。

以上操作完成后，将个人宏工作簿隐藏，这样无论打开哪个工作簿，都可以直接运行宏。如果不小心将其关闭，可以在系统盘（一般为 C 盘）中按照下图所示的路径找到个人宏工作簿，将其打开并隐藏即可实现上述目的。

可以看到，个人宏工作簿是保存通用宏的最佳位置，保存后执行编辑、删除等操作都非常简单。将工作中大部分需要重复、频繁操作的内容录制成宏，并保存在个人宏工作簿中，可以节省很多时间。

第 5 章

合并与拆分，工作"偷懒"有妙招

- 如何将多张工作表汇总成一张表？
- 如何将格式不同的多张工作表汇总成一张表？
- 如何按某一类别拆分汇总表？

102 财务精英这样用

通过第 4 章的学习，我们已经知道如何批量整理表格数据，如果想要汇总多张表格中的数据，该怎么操作呢？如果想要将一张表格拆分成多张表格，又该怎么做呢？

 将不同工作簿的子公司明细数据合并

小王是一名大型公司的财务人员，季度末收到旗下子公司发来的销售明细表，在处理这些表格之前首先要汇总数据，于是用老办法：打开文件，将数据复制粘贴到新的工作表中。不过这次却遇到点儿麻烦，看着屏幕上转圈的符号，小王也觉得奇怪，怎么这么慢呢？

小王重新看了看各销售明细表，发现每张表的数据都有 1000 多行。数据量大，Excel 就会出现卡顿现象。小王不禁有些苦恼，怎么办呢？

其实，Excel 为用户提供了专门获取和转换数据的工具——Power Query。2016 版以后的 Excel 内置了 Power Query，直接使用即可。需要特别留意，由于 Office 版本更新，读者所使用的版本，功能所在位置和名称，可能和本书图示有所差别，需仔细辨别。

配 套 资 源

第 5 章\"分公司销售明细表—原始文件"文件夹

第 5 章\"分公司销售明细表—最终效果"文件夹

请观看视频

第 5 章 合并与拆分，工作"偷懒"有妙招　　103

01» 新建一个工作簿，将其重命名为"销售明细表汇总"。❶切换到【数据】选项卡，❷单击【获取和转换数据】组中的【获取数据】按钮，❸在弹出的下拉列表中选择【自文件】选项，❹在弹出的级联菜单中选择【从文件夹】选项。

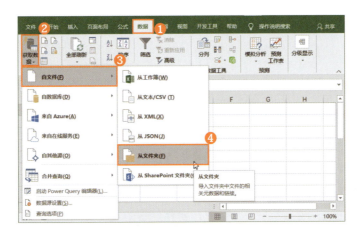

02» 在弹出的【文件夹】对话框中单击【浏览】按钮。

03» ❶在弹出的【浏览文件夹】对话框中，选择本案例中分公司销售明细表所在的文件夹，❷单击【确定】按钮，❸回到【文件夹】对话框，单击【确定】按钮。

04» 在弹出的窗口中单击【转换数据】按钮。

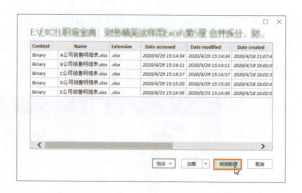

05» 弹出 Power Query 编辑器，❶切换到【主页】选项卡，默认选中"Content"列，❷单击【管理列】组中的【删除列】按钮，❸在弹出的下拉列表中选择【删除其他列】选项。

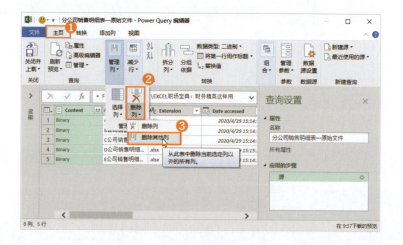

这样，除"Content"列以外的列都被删除了。但是目前"Content"列显示的内容也不是我们需要的。这是因为"Content"列显示的是二进制格式的数据，是无法直接在表格中显示的，此时需要添加列，然后使用公式将"Content"列的数据提取出来。

这时需要用到一个特定函数——Excel.Workbook 函数，其语法规则如右图所示。

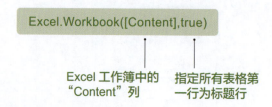

①第一个参数是需要转换的二进制字段，大部分情况下都和本案例一样，为"Content"列。

②第二个参数为可选参数，如果为 true，就表示把原来表格的标题作为新表格的标题；默认是 false，表示用新列名代替原来工作表的标题。本案例选择的是原来表格的标题，所以该参数要设为"true"。

一般而言，合并多个工作簿的数据时可把该函数的参数固定，之后直接复制粘贴使用。

06» 回到 Power Query 编辑器，❶切换到【添加列】选项卡，❷单击【常规】组中的【自定义列】按钮。

07» 弹出【自定义列】对话框，❶在【自定义列公式】列表框中输入公式"=Excel.Workbook([Content],true)"，公式中的第一个参数"[Content]"可以在右侧的【可用列】列表框里双击选择，不必手动录入，❷单击【确定】按钮。

08» ❶在生成的新数据表中，单击"自定义"列右侧的扩展按钮，❷在弹出的下拉列表中只勾选【Data】复选框，❸单击【确定】按钮。

09»❶在得到的新数据表里,单击"Data"列右侧的扩展按钮,❷在弹出的下拉列表中勾选【(选择所有列)】复选框,❸单击【加载更多】按钮,❹单击【确定】按钮。

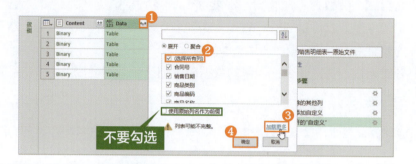

10»❶选中"Content"列,❷切换到【主页】选项卡,❸单击【管理列】组中的【删除列】按钮,❹在弹出的下拉列表中选择【删除列】选项。

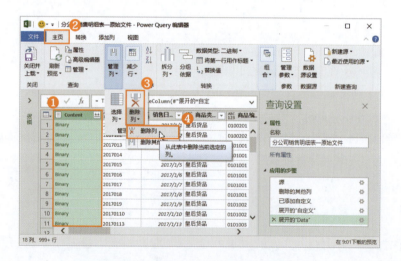

11»❶回到 Power Query 编辑器,切换到【主页】选项卡,❷单击【关闭】组中的【关闭并上载】按钮的下半部分,❸在弹出的下拉列表中选择【关闭并上载】选项。

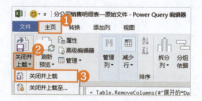

下图为最终结果，右侧的【查询 & 连接】任务窗格显示已加载 5394 行数据，说明 5 个工作簿的数据已经合并完毕。

▲ 销售明细表汇总

通过上述步骤，就实现了不同工作簿的数据合并。这样以后无论子公司发来多少个工作簿，小王都能通过 Power Query 的数据连接功能快速将其合并，效率非常高。

> 什么？被几个工作簿的数据合并打败了？别怕，用 Power Query，有几个合并几个。

5.2 同一工作簿的不同费用表合并

自从小王学会使用 Power Query，他认为表格合并简直太简单了。然而，这天，经理要小王提供上半年日常费用的汇总表，小王以为这与汇总多个分公司的操作相同，结果做到第二步就进行不下去了。怎么回事呢？

108　财务精英这样用

原来，小王在导入文件夹时，没有找到日常费用统计表。小王明明记得自己把表放进了相关文件夹，为何没有呢？

这是因为小王搞错了基本概念。导入文件夹的操作属于合并多个工作簿，而这次的日常费用统计表都放在一个工作簿里，即需要完成的是合并一个工作簿中的多张工作表的数据。虽然都是使用 Power Query，但操作有差异，具体步骤如下。

 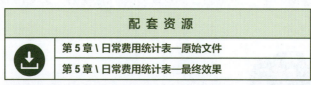

配套资源
第 5 章 \ 日常费用统计表—原始文件
第 5 章 \ 日常费用统计表—最终效果
请观看视频

01» ❶打开本实例的原始文件，新建一张工作表，重命名为"日常费用汇总表"，❷切换到【数据】选项卡，❸单击【获取和转换数据】组中的【获取数据】按钮，❹在弹出的下拉列表中选择【自文件】选项，❺在弹出的级联菜单中选择【从工作簿】选项。

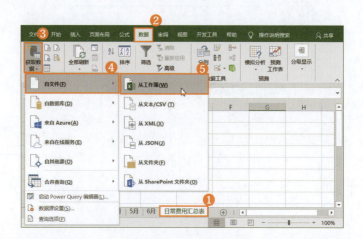

第 5 章 合并与拆分，工作"偷懒"有妙招 109

02» 在弹出的【导入数据】对话框中，选择目标文件，单击【导入】按钮。

03» 弹出【导航器】窗口，❶在左侧勾选【选择多项】复选框，❷在下方依次勾选 1 月 ~ 6 月前面的复选框，❸单击【转换数据】按钮。

04» 弹出 Power Query 编辑器，❶切换到【主页】选项卡，❷单击【组合】组中的【追加查询】的下拉按钮，❸在弹出的下拉列表中选择【将查询追加为新查询】选项。

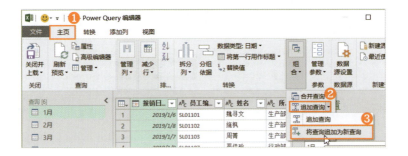

05» ❶在弹出的【追加】对话框中选中【三个或更多表】单选钮，❷将工作表"1月"~"6月"依次添加到右侧【要追加的表】列表框中，❸单击【确定】按钮。

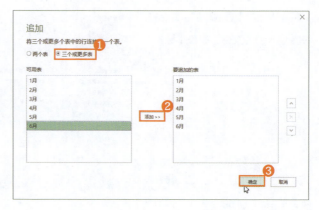

06» 在 Power Query 编辑器中，❶切换到【主页】选项卡，❷单击【关闭】组中的【关闭并上载】按钮的下半部分，❸在弹出的下拉列表中选择【关闭并上载】选项，即可删除多余的工作表。

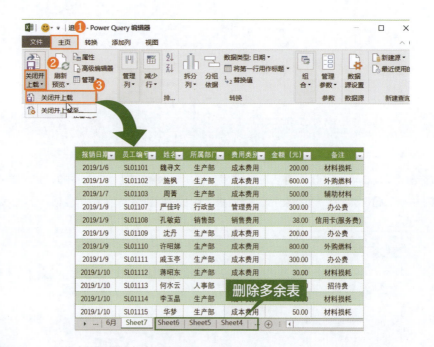

> 提示
>
> 使用追加查询功能时无法在 Power Query 编辑器里删除其他月的数据，只能等 7 张表的数据全部上载后，才能删除多余的工作表。

至此，小王才明白，虽然 Power Query 功能很强大，但是无法凭借它解决工作中遇到的所有问题。因此，不能只满足于解决眼前的问题，而应该不断学习，以备不时之需。

格式不同的预算表合并计算

公司想要统计汇总各部门上半年的预算费用，下图是小王收集到的各部门的预算表。

项目	1月	2月	3月	4月	5月
			生产部		
管理费	43,524.00	32,287.00	35,275.00	48,480.00	42,017.00
租金	18,612.00	10,819.00	16,530.00	18,033.00	10,331.00
水电费	5,299.00	5,921.00	5,213.00	6,694.00	6,349.00
办公费	19,951.00	11,702.00	13,949.00	22,963.00	14,140.00
薪资	148,117.00	142,263.00	120,878.00	110,605.00	131,059.00

▲ 生产部费用表（部分）

项目	1月	2月	3月	4月	5月
			财务部		
管理费	41,254.00	48,701.00	44,874.00	48,780.00	46,482.00
租金	15,369.00	11,579.00	16,254.00	18,206.00	16,057.00
水电费	8,217.00	6,883.00	5,948.00	5,241.00	9,174.00
办公费	28,268.00	21,590.00	17,124.00	13,790.00	14,324.00
薪资	125,492.00	131,886.00	124,642.00	141,926.00	115,180.00

▲ 财务部费用表（部分）

部门	项目	1月	2月	3月	4月
行政部	管理费	43,194.00	48,291.00	33,681.00	46,280.00
行政部	场租费	19,739.00	16,915.00	13,328.00	18,668.00
行政部	水电费	6,432.00	6,247.00	8,197.00	5,277.00
行政部	办公费	15,156.00	23,543.00	17,550.00	13,880.00
行政部	薪资	127,550.00	112,205.00	138,444.00	140,272.00
行政部	福利费	35,710.00	49,347.00	43,147.00	33,897.00

▲ 行政部费用表（部分）

项目	6月	5月	4月	3月	2月
			销售部		
管理费	42,024.00	40,729.00	41,653.00	36,822.00	35,728.00
租金	11,821.00	17,550.00	10,732.00	17,779.00	10,833.00
水电费	7,842.00	7,840.00	9,215.00	5,027.00	5,519.00
办公费	26,518.00	12,985.00	11,603.00	27,049.00	15,578.00
广告费	33,540.00	37,304.00	34,999.00	35,011.00	33,156.00

▲ 销售部费用表（部分）

可以看到这 4 张表的结构各不相同，有一维表也有二维表，月份字段的排列顺序也不同，就连项目的名称都没有统一，对于"租金"项目，行政部则记为"场租费"，与其他部门不同。

如何对以上 4 个格式不同的表进行汇总呢？

还记得第 1 章介绍的合并计算功能吗？对于这个问题，使用这个功能便能解决。

	1月	2月	3月	4月	5月	6月
管理费	177,333.00	165,007.00	150,652.00	185,193.00	174,796.00	169,242.00
租金	50,459.00	33,231.00	50,563.00	46,971.00	43,938.00	47,576.00
场租费	19,739.00	16,915.00	13,328.00	18,668.00	11,027.00	16,923.00
水电费	27,003.00	24,570.00	24,385.00	26,427.00	31,916.00	32,409.00
办公费	87,109.00	72,413.00	75,672.00	62,236.00	70,157.00	66,265.00
广告费	38,870.00	33,156.00	35,011.00	34,999.00	37,304.00	33,540.00
薪资	519,041.00	532,426.00	507,066.00	520,941.00	472,849.00	561,624.00
福利费	189,857.00	189,535.00	157,778.00	188,665.00	157,858.00	188,905.00

▲ 合并计算结果

关于合并计算功能，第1章已详细介绍，这里不赘述。

但是通过合并计算功能合并的表格有时候不是我们想要的，能不能做出一份像数据透视表一样的动态表格呢？这样既可以随时查看汇总数据，也可以随时查看各部门的数据。答案是可以，用多重合并计算功能即可实现这一目的，具体步骤如下。

配 套 资 源

第 5 章 \ 部门费用表—原始文件

第 5 章 \ 部门费用表—最终效果

请观看视频

01» ❶打开本实例的原始文件，新建工作表并将其命名为"多重合并计算"，❷选择任意一个单元格，按【Alt】+【D】+【P】+【P】(P按两下) 组合键。

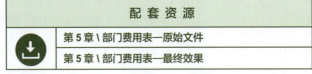

02» ❶在弹出的数据透视表和数据透视图向导对话框中，选中【多重合并计算数据区域】单选钮，❷单击【下一步】按钮。

第 5 章 合并与拆分，工作"偷懒"有妙招　113

03» 进入向导第 2 步，❶选中【自定义页字段】单选钮，❷单击【下一步】按钮。

04» 在弹出的对话框中，❶单击【选定区域】文本框右侧的折叠按钮，❷选中求和区域，❸单击展开按钮，❹单击【添加】按钮，❺选中【1】单选钮，❻在【字段 1】文本框中输入"生产部"。

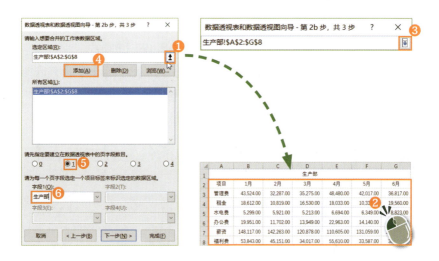

05» 重复 **04** 的操作，❶依次添加其他 3 个部门对应的区域"销售部!$A$2:$G$9""行政部!$B$1:$H$7""财务部!$A$2:$G$8"，❷在【字段 1】文本框中依次输入"销售部""行政部""财务部"，❸单击【完成】按钮。

06» 在汇总表里,将筛选区域的"页1"改为"部门",将"行标签"改为"项目",将"列标签"改为"月份",值字段区域的汇总方式设置为求和,效果如下图所示。

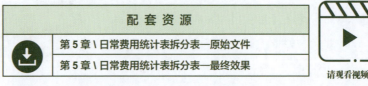

单击筛选区域中【(全部)】下拉按钮,在弹出的下拉列表中就可以看到4个部门的筛选项,选择任意一个部门即可查看该部门的数据。

学到现在,小王觉得自己总算有点成就感了。会了这么多合并表格的技巧,剩下的就是学会如何在工作中灵活运用这些技巧。

将日常费用汇总表按部门拆分为独立的表格

这天经理要求小王提交日常费用统计表的分析表,特别交代了,要按照部门分别提供独立的表格。小王又有新的挑战了,他会怎么做呢?

前面小王已经做好了日常费用统计表的汇总表,想要拆分表格,可以用数据透视表功能,具体步骤如下。

配套资源
第5章\日常费用统计表拆分表—原始文件
第5章\日常费用统计表拆分表—最终效果
请观看视频

01» 打开本实例的原始文件,❶选中任意一个单元格,❷切换到【插入】选项卡,❸单击【表格】组中的【数据透视表】按钮。

第 5 章 合并与拆分，工作"偷懒"有妙招 115

02» 在弹出的【创建数据透视表】对话框中保持默认设置，单击【确定】按钮。

经理的要求是按部门将日常费用统计表的汇总表拆分为独立的表格，所以要将部门列为筛选项。如果想知道每月的费用类别金额，那就把费用类别作为行字段，日期作为列字段，求金额总额。

03» 在出现的新工作表中，在右侧的【数据透视表字段】任务窗格中，将【所属部门】【费用类别】【报销日期】【金额（元）】字段分别拖曳到【筛选】【行】【列】【值】区域，即可生成数据透视表。

上述操作完成后得到的就是数据透视表筛选表。单击筛选字段【所属部门】下拉按钮，在弹出的下拉列表中选择【部门】选项，就会筛选出对应部门的费用。

等等！到这一步，我猜你一定会用复制粘贴得到每个部门的表格。这种方法不是不可以，就是比较麻烦。本案例中只有9个部门，如果要筛选的项目非常多呢？一个个复制粘贴，效率就很低。有没有高效的方法呢？

数据透视表的功能非常强大，其中就有拆分汇总表的功能。

04» 选中数据透视表，❶切换到【分析】选项卡，❷单击【数据透视表】组中的【选项】按钮，❸在弹出的下拉列表中选择【显示报表筛选页】选项。

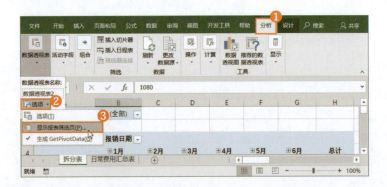

05» 弹出【显示报表筛选页】对话框，单击【确定】按钮，汇总表按【所属部门】字段自动拆分为独立的表格，并且都以部门名称命名。

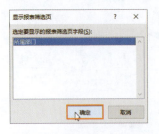 

通过使用数据透视表，小王将日常费用汇总表按部门重新拆分为不同的表格。这是不是比合并表格要简单得多呢？其实不管是合并还是拆分表格，功能本身并不复杂，难的是如何适宜地运用这些功能解决实际问题。

如果你有更加复杂的拆分需求，建议下载安装 Excel 易用宝、方方格子等 Excel 插件，这样不用写代码也能轻松地完成工作。

学会相关技巧后，要结合案例勤加练习，积极主动地探索和学习，才能在面对千变万化的应用场景时，高效地完成工作。

第 6 章

综合运用 Word/Excel/PPT，提高工作效率

- Excel 很强大，但一款软件可以解决所有难题吗？很难！

第 6 章 综合运用 Word/Excel/PPT，提高工作效率

通过前面章节的学习，相信你已经学会如何快速合并和拆分表格，月初结账所用的时间是不是大大缩短了呢？

但是财务人员在日常工作中，还会遇到一些意想不到的问题，单纯使用 Excel 可能无法解决这些问题。这时可以尝试借助其他软件解决问题。

6.1 Excel+Word，批量生成询证函

6.1.1 批量生成询证函

在年初对客户往来账进行询证的时候，小王就碰到了难题。这天一早，财务经理安排小王制作公司所有客户的询证函，要求在下班之前，将所有询证函做成 Word 版本，并交给销售部，再由销售部同事打印并盖章后，邮寄给客户。

公司的客户有几百家，这是个非常艰巨的任务。小王从经理办公室回来后就开始争分夺秒地工作，找出询证函模板和客户往来余额表，一通复制粘贴加手工填写，心中还暗暗给自己鼓劲：这点苦和累不算什么，手一定要快，按时完成领导交代的任务。下面我们看看小王是如何做的。

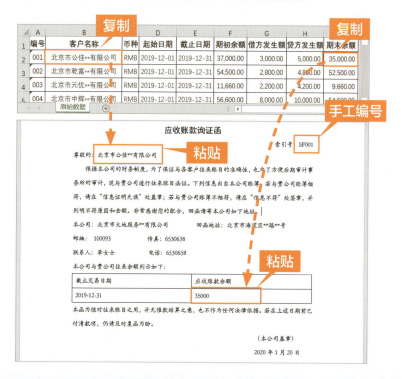

做完了前 5 家公司的询证函，小王抬头一看，已经过去了 15 分钟，这样一算平均 3 分钟制作一个询证函，总共 257 个客户，全部做完需要近 13 个小时！

就是不吃不喝，也得半夜才能做完。而经理说的是下班前完成，怎么办？突然，小王灵机一动，想到了部门的办公高手大强。

大强接到小王的求助，立刻想到了用 Word 邮件合并功能，来配合 Excel 批量做出询证函。于是他向小王要来询证函模板和客户往来余额表，稍加整理，再通过几步操作，两百多个询证函就迅速制作完成了，小王佩服得五体投地。下面我们看看大强的整体思路吧！

大强的思路很简单，如下图所示。在一张 Excel 表格里存放各客户的数据，在一个 Word 文档里存放询证函模板，打开 Word 文档，利用 Word 邮件合并功能，将 Excel 里的数据添加到询证函模板中，系统就会自动生成 N 份个性化询证函。

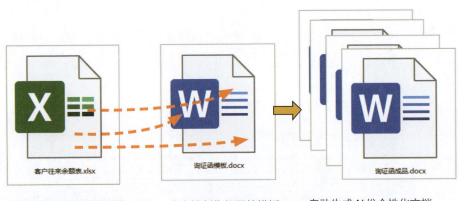

一张表存放所有不同的数据　　一个文档制作相同的模板　　自动生成 N 份个性化文档

注意，变动的数据放在 Excel 里，不变的数据放在 Word 模板中。

下面我们看看具体的操作步骤吧！

配套资源

第 6 章 \ 客户往来余额表—原始文件、询证函—原始文件

第 6 章 \ 信函—最终效果

请观看视频

第 6 章 综合运用 Word/Excel/PPT，提高工作效率　121

从上文我们可以看出"客户往来余额表"里的数据不能完全满足制作询证函的需要，有一些数据需要额外手动填写或另外取数。为了避免后期批量生成询证函后，个别空缺的项目还需返工手动填写，所以要提前对"客户往来余额表"的数据进行加工整理，补充所有空缺项目，以便一次性批量生成询证函。

首先，大强先对"客户往来余额表"的数据进行整理，以便数据能满足后续使用 Word 邮件合并功能的要求。

01» 打开本实例的原始文件"客户往来余额表—原始文件"，❶新建一张工作表，命名为"数据整理"，❷设计好制作询证函所需的各项目，如"索引号""客户名称""应收账款余额"等。（注意不能有合并单元格，项目在最上面一行。）

02» 将"原始数据"工作表中的"客户名称""应收账款余额"两列复制粘贴到"数据整理"工作表中的相应位置。

03» "索引号"数据需要手工填写，先在 A2 单元格中填写"SF001"，选中"SF001"，当 A2 单元格右下角出现一个小加号时，❶双击该符号，❷"索引号"即可自动填充到表格底部。

这样，大强就将数据整理好了，使之能满足后续使用 Word 邮件合并功能的要求。接着，大强使用 Word 邮件合并功能，批量制作询证函。

01» ❶打开本实例的原始文件"询证函—原始文件"，如下图所示，这是提前制作好的询证函模板。使用邮件合并功能，❷切换到【邮件】选项卡，❸在【开始邮件合并】组中单击【开始邮件合并】按钮，❹在弹出的下拉列表中选择【信函】选项。此时不会弹出任何对话框或窗口，继续下一步操作。

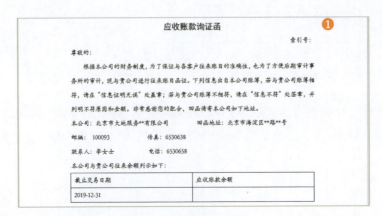

02» ❶在【开始邮件合并】组中单击【选择收件人】按钮,❷在弹出的下拉列表中选择【使用现有列表】选项,此时会弹出【选取数据源】对话框,❸在【文件名】下拉列表中选择文件"客户往来余额表—原始文件.xlsx",❹单击【打开】按钮,❺弹出对话框,选择工作表,即刚才整理后的数据表,❻单击【确定】按钮。

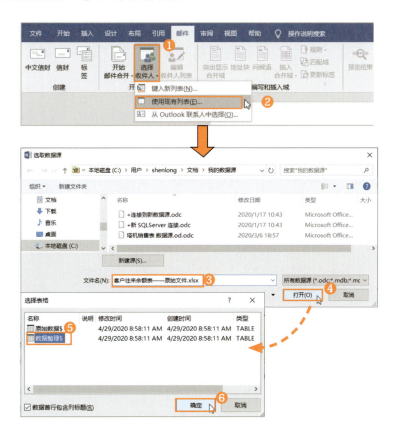

03》 在【编写和插入域】组中单击【插入合并域】按钮，会弹出下拉列表，此前设置好的项目名称就会出现在该下拉列表中。❶将光标定位在 Word 文档中"索引号："后面，❷单击【插入合并域】按钮→❸【索引号】选项，❹可以看到文字"索引号："的后面插入了"《索引号》"，这表明此处插入了一个"域"。分别将光标定位在需要输入客户名称和应收账款余额的位置，依次单击【客户名称】和【应收账款余额】选项，❺即可将这些项目名称插入 Word 文档对应的位置。

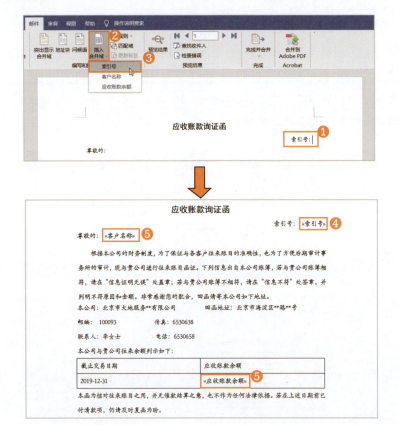

> **提示**
> "域"在 Word 中很常见，比如插入的带圈字符、页码、日期等，都是域显示出来的结果。

04》 ❶在【完成】组中单击【完成并合并】按钮，❷在弹出的下拉列表中选择【编辑单个文档】选项，弹出对话框，❸单击【确定】按钮，如下页图所示。

第 6 章 综合运用 Word/Excel/PPT,提高工作效率

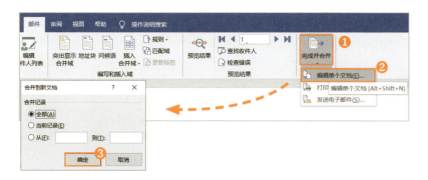

05» ❶弹出信函,可以看到询证函的内容已经填好了,❷并在左下角显示共257页,也就是257个客户的询证函已经生成了,如下图所示。

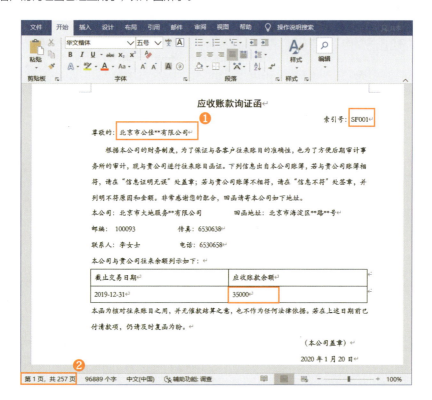

6.1.2 批量生成固定资产标签

在 6.1.1 小节,小王学会了利用 Excel 与 Word 邮件合并功能,制作询证函,再遇到其他类似的任务,也可以利用这个功能,高效完成工作。

例如，可以利用该方法批量生成固定资产标签，小王是如何操作的呢，让我们一起来看看吧。

01» 打开本实例的原始文件"固定资产明细表—原始文件"，可以看到，小王已经做好了准备，将工作表根据需求，整理成了可以直接用来制作固定资产标签的文件，如下图所示。

资产编号	资产名称	规格型号	使用部门	使用人	购入时间	开始使用日期	预计使用年限	原值
01	电脑	戴尔灵越	财务部	杜鹏程	2019/6/5	2019/6/5	5	5,670.00
02	相机	佳能	财务部	刘姿	2019/6/5	2019/6/5	5	8,890.00
03	打印机	惠普	财务部	葛涵	2019/6/5	2019/6/5	5	2,580.00
04	空调	格力云酷	财务部	蒋玉东	2019/7/3	2019/7/3	10	8,800.00
05	取暖机	美的	财务部	林晓凤	2019/6/5	2019/6/5	5	1,958.00
06	电脑	戴尔灵越	人力资源部	甘如饴	2019/6/5	2019/6/5	5	5,670.00
07	扫描仪	佳能	人力资源部	陈露	2019/6/12	2019/6/12	10	2,199.00

02» ❶打开本实例的原始文件"卡片—原始文件"，这是提前制作好的模板，❷使用邮件合并功能，后续的操作跟 6.1.1 小节的操作类似，此处不赘述，读者可观看视频学习。

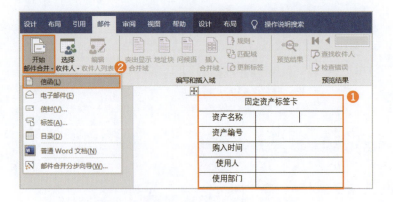

下页图展示的分别是：❶原始文件"卡片—原始文件"经过系列操作，最后插入了各项目；❷完成邮件合并后批量生成的固定资产标签。

第 6 章 综合运用 Word/Excel/PPT，提高工作效率 127

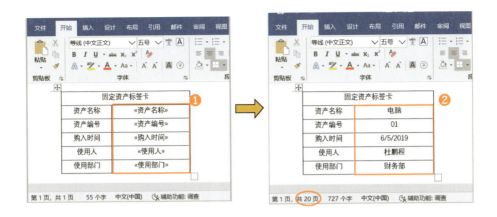

6.2 借助Word分栏功能，打印"瘦长"的Excel表格

在财务工作中，经常会遇到"瘦长"的Excel表格，如右图所示。这种表格列数少、行数多，打印后纸张的很大一部分都是空白，很浪费，怎么办呢？

Word有分栏功能，能否借助这个功能打印出效果满意的文档呢？答案是能，让我们一起学习吧！

配套资源
第 6 章 \ 办公用品需求明细表—原始文件
第 6 章 \ 需求表打印—最终效果

请观看视频

01» ❶新建一个空白 Word 文档，在 Excel 中复制"办公用品需求明细表—原始文件"中需要打印的内容，然后粘贴到 Word 文档中，粘贴时 ❷选择【保留源格式】选项，这样 Excel 中的内容就被粘贴在 Word 中。

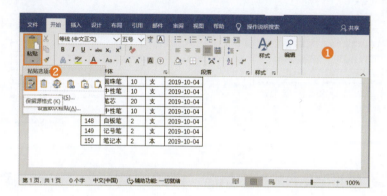

02» 在 Word 文档中，切换到【布局】选项卡，❶在【页面设置】组中单击【栏】按钮，在弹出的下拉列表中❷选择【两栏】选项，❸表格被分成两栏。（这里也可以根据实际需求选择【三栏】等。）

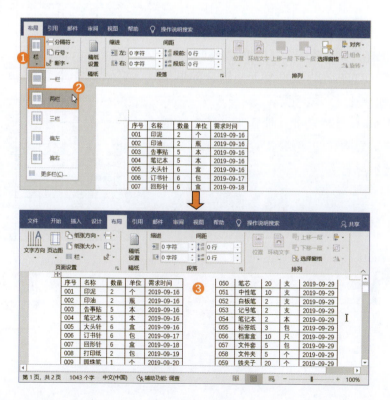

第 6 章 综合运用 Word/Excel/PPT,提高工作效率　129

6.3 借助Word分行

要分发员工福利了,这天,小王收到了人力资源部同事发来的"部门员工统计表",如右图所示,同一个部门所有员工的姓名都在一个单元格里。小王需要将每位同事的名字单独放一行,这样才可以进行后续的统计工作。

小王试了半天发现,可以利用 Excel 分列,可是无法实现分行。三百多个员工姓名,如果一个个复制粘贴,不仅耽误时间,还容易出错,怎么办呢?

不怕,还有 Word!让我们一起看看 Word 这次怎么"显神通",来帮助 Excel 吧!

配套资源

第 6 章 \ 部门员工统计表—原始文件

第 6 章 \ 分行—最终效果

请观看视频

01» 新建 Word 空白文档,将原始文件中的内容复制到 Word 文档中,可以看到同一部门员工的姓名还是在一个单元格中。

02» 将Word文档中的内容复制到Excel文件的"Sheet2"工作表中，即可看到每个员工姓名都单独在一行，已经成功分行。

6.4 修改Excel中的图表，PPT中同步更新

每到月中，财务部都会对上月报销的费用进行统计分析，并开会讨论，看看哪些地方可以改进，以合理控制费用，管控和减少不合理费用。开会当然少不了PPT。

PPT中的数据和图表做好后，如果后期有变动，就需要对数据逐一修改，非常麻烦。有没有什么办法，能使PPT变得可以像Excel那样，自动更新数据呢？

小王请教部门经理后，发现是可以实现的，只需在PPT中插入Excel图表，让PPT中的图表随着Excel中的变化自动更新，这非常省时省力！下面我们一起来看看小王是怎么做的吧！

> **配套资源**
> 第6章\医疗费用统计表—原始文件
> 第6章\医疗费用专题—最终效果
>
> 请观看视频

在PPT中插入Excel图表之前，首先，要在Excel中做好相关图表，这里主要用到Excel的数据透视图功能。打开原始文件，可以看到4月的医疗费用已统计好，下面开始操作。

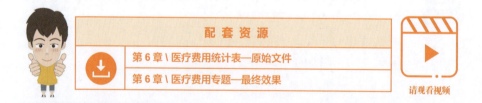

第 6 章 综合运用 Word/Excel/PPT，提高工作效率

01» 根据原始文件，制作数据透视图表。❶选中任意一个有内容的单元格，❷切换到【插入】选项卡，❸单击【图表】组中的【数据透视图】按钮，❹在弹出的下拉列表中选择【数据透视图】选项，弹出对话框，保持默认设置，❺单击【确定】按钮。

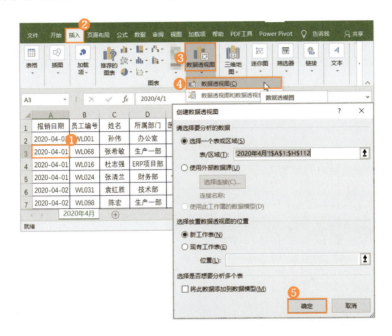

02» 这时会弹出一个新的工作表"Sheet1"，这就是数据透视图要存放的位置。

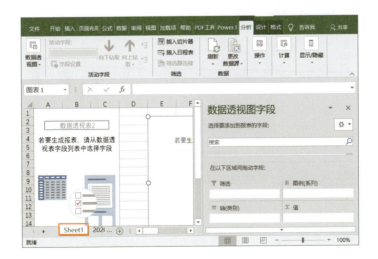

03» 在【数据透视图字段】任务窗格中操作，生成数据透视图。❶ 将【医疗报销种类】字段拖曳到【轴（类别）】区域，❷ 将【企业报销金额】字段拖曳到【值】区域。

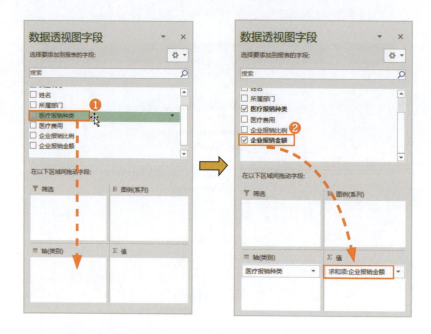

数据透视图制作完成，效果如下图所示。

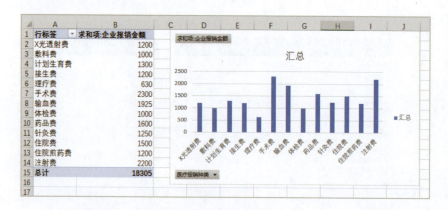

下面介绍如何在 PPT 中插入做好的数据透视图，在以上步骤基础上。（实际工作中，可以继续美化数据透视图，再将其插入 PPT 中。）

04» 新建一个PPT文档，❶在正文要插入数据透视图的地方单击，将光标定位在这个位置，❷切换到【插入】选项卡，❸单击【文本】组中的【对象】按钮。

05» 弹出【插入对象】对话框，❶选中【由文件创建】单选钮，❷单击【浏览】按钮，选择之前做好的数据透视图 Excel 文件，❸勾选【链接】复选框，❹单击【确定】按钮。

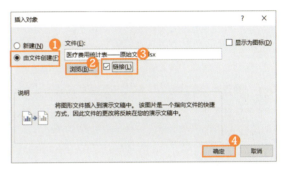

可以看到 PPT 中成功插入数据透视图，如下图所示。

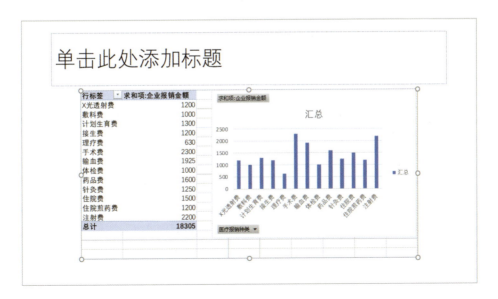

接下来，小王在 Excel 中对数据透视图进行修改，以观察 PPT 中相关数据会不会实现同步更新，具体步骤如下。

01» 在 Excel 中删除数据透视图上方和右侧的"汇总"。分别选中【汇总】，然后按【Delete】键即可删除。

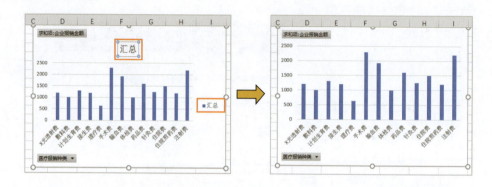

02» 为图表添加数据标签。❶单击图表中任意一个柱形，将所有柱形选中；单击鼠标右键，在弹出的快捷菜单中❷选择【添加数据标签】→【添加数据标签】选项，❸每个柱形的上方出现了数据标签。

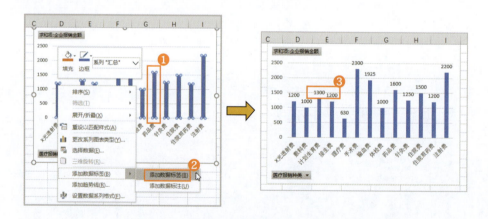

03» 更改图表类型为条形图。❶单击图表中任意一个柱形，将所有柱形选中；单击鼠标右键，在弹出的快捷菜单中❷选择【更改系列图表类型】选项，在弹出的对话框中❸选择【条形图】选项。（柱形图横坐标轴的文字都是倾斜的，不方便阅读，故将其改为条形图。）

第 6 章 综合运用 Word/Excel/PPT，提高工作效率

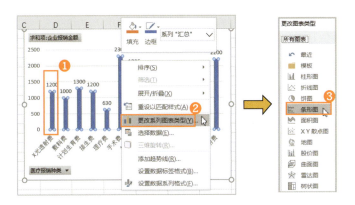

04》 打开 PPT 文档，更新链接后可以看到，PPT 中的图表变成了条形图。

应用篇

财务数据处理和分析

响应领导需求,对数据进行灵活的处理和分析,是财务人员必备的技能。本篇将结合财务工作中常见的数据处理和分析场景,介绍有效的处理问题的思路和方法。由于篇幅有限,介绍的内容可能无法面面俱到,但是掌握了原理和思路,就可以触类旁通。

第 7 章

查账、对账和预警

- 如何自定义排序?
- 如何快速找到想要的数据?
- 如何一眼找出重要数据?
- 还在用眼睛逐一核对数据吗?

7.1 按关键字重排公司费用

"小王,你把上次做的日常费用统计表,按部门将费用金额由大到小排序,做好发给我。"

此刻小王的心里有个疑问:按部门将费用金额排序是什么意思?莫非是要我按部门拆分表格,再对费用金额排序吗?下图所示是小王做的表。

其实经理想要的是一张表,表中同一部门的数据放在一起,然后各部门内部再按费用金额降序排列。这时,小王可以使用自定义排序功能,具体步骤如下。

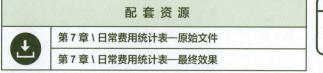

01» 打开本实例的原始文件,选中数据区域中的任意一个单元格,❶切换到【开始】选项卡,❷单击【编辑】组中的【排序和筛选】按钮,❸在弹出的下拉列表中选择【自定义排序】选项,如下页图所示。

02»在弹出的【排序】对话框中，❶单击【主要关键字】下拉按钮，选择【所属部门】选项，❷单击【次序】下拉按钮，选择【自定义序列】选项。

03»在弹出的【自定义序列】对话框中，在【输入序列】列表框中❶输入部门信息，❷单击【确定】按钮。

04»回到【排序】对话框，❶单击【添加条件】按钮，❷单击【次要关键字】下拉按钮，选择【金额（元）】选项，❸单击【次序】下拉按钮，选择【降序】选项，❹单击【确定】按钮，即可得到最终结果，如下页图所示。

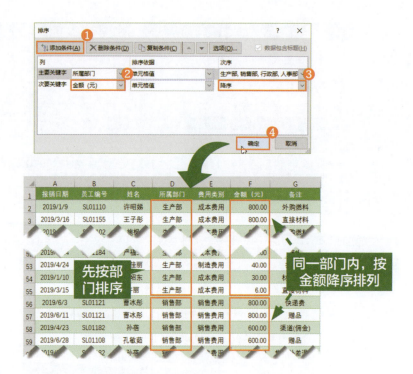

7.2 商品库存明细表的数据筛选

"小王,筛选一下数据,将期末库存金额排名前五的商品发给我。"

"经理,排名的问题不该用排序功能处理吗?将期末库存金额按降序排列之后,排在前五名的商品不就出来了。"

"我是让你筛选数据,不是排序,你又不会了?快去学!"

你是不是跟小王一样,以为筛选只是单击【筛选】按钮、选择数据就好了?

▲ 这就叫筛选吗

7.2.1 单条件筛选

筛选可不仅仅是单击【筛选】按钮、选择数据这么简单。一些特殊类型的数据,比如数值型数据,可以做计算筛选,直接筛选出符合条件的数据,具体步骤如下。

配 套 资 源

第 7 章 \ 商品库存明细表 01—原始文件

第 7 章 \ 商品库存明细表 01—最终效果

请观看视频

01» 打开本实例的原始文件，选中数据区域中的任意一个单元格，❶切换到【数据】选项卡，❷单击【排序和筛选】组中的【筛选】按钮。

02» ❶单击【期末库存（元）】下拉按钮，❷在弹出的下拉列表中选择【数字筛选】选项，❸在弹出的级联菜单中选择【前 10 项】选项。

03» 在弹出的【自动筛选前 10 个】对话框中，❶将中间文本框中的数值由"10"改为"5"，❷单击【确定】按钮，即可得到最终结果。

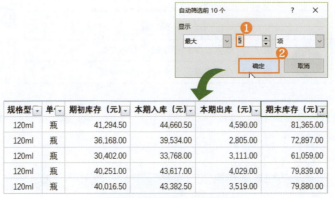

▲ 筛选后的商品库存明细表

对于数值型数据还可以进行大于、等于、小于、介于、高于平均值或低于平均值等筛选。日期是一类特殊的数值，它可以按日、周、月或季度进行筛选。此外，还可以按颜色进行筛选。以上操作方法类似，这里就不再一一展示了，读者可以动手操作一下。

7.2.2 多条件筛选

工作中常用的是单条件筛选，但当筛选条件很多时，使用多次单条件筛选，不仅很麻烦，而且不一定能得到想要的结果。这时，使用高级筛选会更简单。

例如在上例中，有些商品的期初库存金额是负值，期末库存金额是正值，商品的规格型号也有很大差异。如果把这些都作为筛选条件，那么该如何操作呢？以下是具体步骤。

01» 打开本实例的原始文件，❶在 J2:L3 单元格区域中输入条件，❷切换到【数据】选项卡，❸单击【排序和筛选】组中的【高级】按钮，如下页图所示。

> **提示**
>
> 高级筛选使用规则如下。
>
> ①条件区域字段名与原始区域字段名必须完全一致。
>
> ②列方向是"且",行方向是"或"。例如本案例中,条件区域只有一行,是"且"的关系,需要同时满足所有条件。如果">100ml"下面添加一行条件,比如">150ml",这两行的关系就是"或",表明只要筛选出满足其中一个条件的数据即可。
>
> ③条件中出现运算符时,要在英文输入状态下使用键盘输入,而不能使用输入法输入。

02» 在弹出的【高级筛选】对话框中,❶选中【将筛选结果复制到其他位置】单选钮;❷将光标定位在【列表区域】文本框中,然后选择 A1:H143 单元格区域(系统会自动为其加上绝对引用符号"$");❸将光标定位在【条件区域】文本框中,然后选择 J2:L3 单元格区域;❹将光标定位在【复制到】文本框中,然后选择 J5 单元格;❺单击【确定】按钮,即可得到最终结果。

商品编码	商品名称	规格型号	单位	期初库存(元)	本期入库(元)	本期出库(元)	期末库存(元)
0101050	优肌源生竹萃畅饮补水霜	120ml	瓶	-377.00	5,542.00	5,100.00	65.00
0101075	(新)裸妆修颜霜	120ml	瓶	-2,435.00	6,953.00	3,264.00	1,254.00
0101081	(新)毛孔清透控油霜	120ml	瓶	-2,425.90	7,785.00	4,233.00	1,126.10
0101082	(新)雪玲珑丝柔润颜洁面乳	120ml	瓶	-1,912.40	6,952.00	4,080.00	959.60

▲ 筛选后的商品库存明细表

144 财务精英这样用

这样我们通过创建一个条件区域，就实现了多条件下的数据筛选。虽然筛选功能看起来很简单，但在实际工作中有着重要的作用。千万不要小瞧它，把小功能用好了也会有大作为！

在【高级筛选】对话框中有一个【选择不重复的记录】复选框，勾选该复选框还可以删除重复值。动手试一下吧！

7.3 应收账款明细表的数据预警

小王已经把排序与筛选功能用得炉火纯青了，但是他经常会思考一个问题：不管是排序还是筛选，都会打乱原有表的结构，有没有办法既能找到想要突出的数据，又不用打乱原有表的结构呢？

小王经过一番学习才知道，原来通过条件格式功能就能实现上述目的，W 下图所示都是突出强调数据的形式。

▲ 不同数据突出形式

用条件格式功能既能突出某类数据，还能实现整体数据对比、自动预警提示。接下来我们就来学习这些功能吧。

7.3.1 突出显示规则

我们既想保持原数据序列不变，又想突出想要的数据，用条件格式功能中的突出显示规则就非常合适，具体步骤如下。

01 » 打开本实例的原始文件，❶选中 D5 单元格，按【Ctrl】+【Shift】+【↓】组合键选中数据区域，❷切换到【开始】选项卡，❸单击【样式】组中的【条件格式】按钮，❹在弹出的下拉列表中选择【突出显示单元格规则】选项，❺在其级联菜单中选择【大于】选项。

02 » 在弹出的【大于】对话框中，❶在【为大于以下值的单元格设置格式】文本框中输入数字"200000"，【设置为】下拉列表保持默认设置，❷单击【确定】按钮，即可得到最终结果。

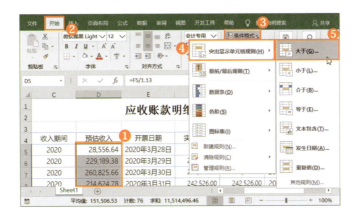

7.3.2 数据条整体对比

除了突出显示特定值外,如果想要在单元格中一眼看出整体数据的大小对比情况,可以用条件格式功能中的数据条功能,下面为操作步骤。

配 套 资 源
第 7 章 \ 应收账款明细表 02——原始文件
第 7 章 \ 应收账款明细表 02——最终效果

请观看视频

步骤»打开本实例的原始文件,❶选中 D5 单元格,按【Ctrl】+【Shift】+【↓】组合键选中区域,❷切换到【开始】选项卡,❸单击【样式】组中的【条件格式】按钮,❹在弹出的下拉列表中选择【数据条】选项,❺在弹出的级联菜单中选择【蓝色数据条】选项,即可得到最终结果。

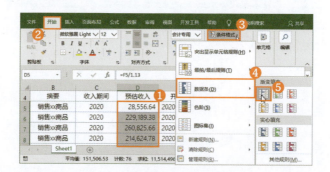

通过数据条功能,能一眼看出某一列数据的大致对比情况。

7.3.3 自定义图标集

数据条功能是通过填充底色来展示数据的大小对比情况。除了这种方式，还可以使用图标集，通过图标的方向、形状、标志等来展示数据情况。例如下图就是为数据应用图标集的效果。

默认的图标集都有各自的规则，但是默认的规则不一定能满足分析需求，我们需要根据不同的数据类型、判断标准或分析需求，来选择合适的图标类型并新建规则。

接下来还是对前例中的"预估收入"数据进行标注，规则如下：大于 250000 表示极好，用绿色箭头表示；小于 50000 表示极差，用红色箭头表示预警；二者中间部分用黄色箭头表示。具体操作步骤如下。

配 套 资 源

第 7 章 \ 应收账款明细表 03—原始文件

第 7 章 \ 应收账款明细表 03—最终效果

请观看视频

01» 打开本实例的原始文件，❶选中 D5 单元格，按【Ctrl】+【Shift】+【↓】组合键选中数据区域，❷切换到【开始】选项卡，❸单击【样式】组中的【条件格式】按钮，❹在弹出的下拉列表中选择【新建规则】选项，如下页图所示。

02» 在弹出的【新建格式规则】对话框中，❶在【选择规则类型】列表框中选择第一个选项，❷在【格式样式】下拉列表中选择【图标集】选项，❸在【图标样式】下拉列表中选择【三色箭头】图标，❹在右侧【类型】下拉列表中选择【数字】选项，❺在绿色箭头图标同行对应的【值】文本框中输入【250000】，❻在黄色箭头图标同行对应的【值】文本框中输入【50000】，❼单击【确定】按钮，即可得到最终结果。

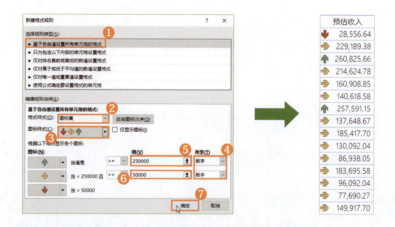

7.3.4 自动提醒模型

作为一名财务人员，在面对"应收账款明细表"这样的报表时，应该重点关注的是"收款日期"。哪些应收款到期了要处理，哪些合同期限快到了要提前准备……如果手动标注到期日，不仅麻烦还容易出错。日期计算有专门的函数，配合条件格式，就可以实现应收账款到期自动提醒。

在【新建格式规则】对话框中，可以根据公式来设置条件格式，但如果不止一个公式，一次次打开【新建格式规则】对话框来设置太麻烦了，此时可以直接使用【管理规则】选项。

下面以设置收款日期提醒为例，介绍多公式的条件格式设置方法。这里设定的要求是：已过期、当前到期、一周内到期和一个月内到期的数据分别填充不同的颜色。以下为具体操作。

01» 打开本实例的原始文件，选中 A5:J80 单元格区域，❶切换到【开始】选项卡，❷单击【样式】组中的【条件格式】按钮，❸在弹出的下拉列表中选择【管理规则】选项。

02» 在弹出的【条件格式规则管理器】对话框中，单击【新建规则】按钮。

03» 在弹出的【新建格式规则】对话框中，❶在【选择规则类型】列表框中选择【使用公式确定要设置格式的单元格】，❷在【为符合此公式的值设置格式】文本框中输入公式，❸单击【格式】按钮。

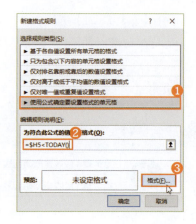

04» 在弹出的【设置单元格格式】对话框中，❶切换到【填充】选项卡，❷在【背景色】中选择浅灰色，❸单击【确定】按钮。

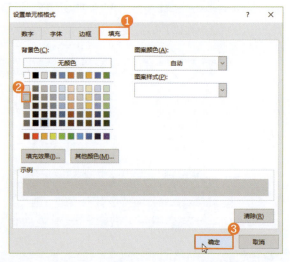

05» 回到【新建格式规则】对话框，❶单击【确定】按钮，回到【条件格式规则管理器】对话框，❷再次单击【新建规则】按钮。

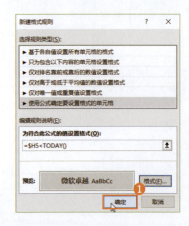
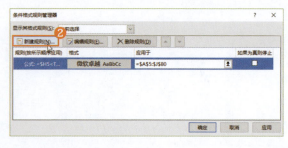

06» 重复 03~05 的操作，在【为符合此公式的值设置格式】文本框中分别输入三个公式。❶ "=$H5=TODAY()"，❷ "=AND($H5>TODAY(),$H5<TODAY()+7)"，❸ "=AND($H5>=TODAY()+7,$H5<TODAY()+30)"，分别将填充颜色设置为红色、浅蓝色、浅绿色，❹最后在【条件格式规则管理器】对话框中单击【确定】按钮。

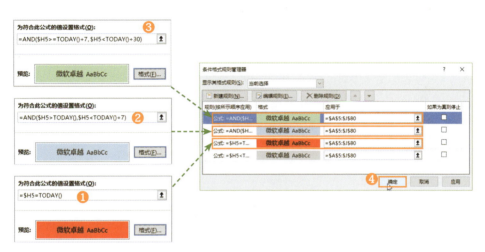

07» 条件格式设置完成后，在表格旁边做一个注释表，设置字段名为"颜色"和"说明"，分别注明各种填充颜色代表的预警信息。

▲ 应收账款到期自动提醒

本案例中用了两个函数，一个是TODAY函数，用来表示系统当前日期，每次打开这个工作簿时，它会随计算机系统当前的时间变动而变动。

另一个是AND函数，它比较简单。当所有参数条件值都为"真"时，结果为"真"，也就是必须所有选项都符合条件。

关于绝对引用符号"$"的使用，它在字母前面，表示列固定；它在数字前面，表示行固定。

7.4 商品采购明细表的金额核对

核对数据，是财务人员经常要做的工作。借助 Excel，可以减轻眼睛负担，快速完成数据核对。

在 Excel 中核对数据，就是先引用数据，然后对比差异。这里给大家介绍两种快速对比两表数据的方法：组合键法和函数法。

7.4.1 组合键法

有两张表：商品采购明细表和供应商登记合同明细表。想核对两表中"金额"列的数据是否相等，操作步骤如下。

01» 打开本实例的原始文件，新建"核对表"工作表。❶将"商品采购明细表"中的"金额"列复制粘贴到"核对表"的 A 列，❷将"供应商登记合同明细表"中的"订单金额"列复制粘贴到"核对表"的 B 列。

02»❶选中A列和B列，❷按【Ctrl】+【\】组合键，选中B列中所有与A列不同的数据，❸为全部选中的单元格填充颜色。

当要核对同一工作表中的两列数据时，在没有其他要求的情况下，使用【Ctrl】+【\】组合键来核对数据无疑是个好办法。

7.4.2 函数法

利用组合键核对数据，无法排除顺序不同而导致的数据不一致。如果两个表中合同号的对应关系不一致，那么金额肯定不一致。这种时候，用VLOOKUP函数就可以轻松解决，其语法规则如下。

> VLOOKUP(匹配条件，查找区域，取数的列号，匹配模式)

VLOOKUP函数有4个参数，相对于前面学过的函数来说，它的参数比较复杂，我们先来了解一下这4个参数。

①匹配条件：就是指定的查找条件。本案例中为合同号。

②查找区域：是一个至少包含一行数据的单元格区域，并且该区域的第1列必须含有要匹配的条件，也就是说，谁是匹配条件，就把谁选为查找区域的第1列。本案例为"商品采购明细表"中合同号所在的区域，由于该区域是固定的，为防止在复制公式时该区域发生变化，要加绝对引用符号"$"。

③取数的列号：指定从查找区域的哪列取数，这个列数是从匹配条件那列开始向右计算的，一直到查找列。本案例要查找的是金额，因此是第9列。

④匹配模式：规定是进行精确查找还是模糊查找。当为TRUE、1或者忽略时，做模糊查找，也就是说，匹配条件不存在时，匹配最接近条件的数

据；当为 FALSE 或者 0 时，做精确查找，也就是说，条件值必须存在，要么是完全匹配的名称，要么是包含关键词的名称。本案例需精确匹配"合同号"，所以设置为"0"。

下面介绍具体的操作步骤。

配 套 资 源

第 7 章 \ 商品采购明细表 02—原始文件

第 7 章 \ 商品采购明细表 02—最终效果

请观看视频

01» 打开本实例的原始文件，新建"核对表"工作表。❶将"商品采购明细表"中 A 列复制粘贴到"核对表"的 A 列，❷在"核对表"B1、C1、D1 单元格中分别输入标题"金额""订单金额""差异"。

02» ❶在 B2 单元格中输入公式"=VLOOKUP(A2,商品采购明细表!$A$2:$I$62,9,0)"，❷在 C2 单元格中输入公式"=VLOOKUP(A2,供应商登记合同明细表!$A$2:$I$62,9,0)"，❸在 D2 单元格中输入公式"=C2-B2"，❹选中 B2:D2 单元格区域，将公式向下填充，即可得到最终结果，如右下图所示。

本案例中，核对的是两个表中的数据，因此首先使用 VLOOKUP 函数匹配同一合同号对应的金额，然后将两表金额做减法运算，若有差值则表示两表数值有差异。

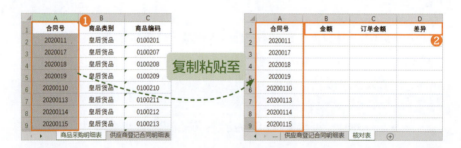

第 8 章

财务表格间的关联查询

- 有了商品编码，想要查询商品价格，怎么办？
- 怎样按大类查询商品信息？
- 怎么根据指定科目查询明细账？
- 想要查询即将到期的贷款台账，怎么办？
- 怎样跨表格自动调用数据？

财务人员经常需要查询各种费用、账目，如果手动逐一查找，不但费时费力，还容易出错。

其实只要学会一些常见的函数，就可以轻松应对这些日常工作。本章要介绍的就是如何高效地进行表格关联查询。

8.1 按照商品编码返回对应价格

小王发现，在财务日常工作中，表与表之间最常见的关联查询是利用同一参照物提取数据。

就如下面的案例中，"商品销售明细表"中的"商品编码"与"商品参数表"中的"存货编码"是同一个编码。每个编码都有对应的销售单价，利用两表都有的编码，从"商品参数表"中提取"销售单价"，再将其复制到"商品销售明细表"对应的"销售单价"中。

用【Ctrl】+【F】组合键逐一查询？不，那是小王刚工作时用的笨方法，效率太低，而且容易出错！现在用 VLOOKUP 函数就能轻松解决。下面是具体步骤。

配套资源

第 8 章 \ 商品参数表 01—原始文件、商品销售明细表 01—原始文件
第 8 章 \ 商品销售明细表 01—最终效果

请观看视频

01» 打开本实例的两个原始文件，在"商品销售明细表 01—原始文件"中❶选中 I2 单元格，❷切换到【公式】选项卡，❸单击【函数库】组中的【查找与引用】按钮，❹在弹出的下拉列表中选择【VLOOKUP】选项。

02» 在弹出的【函数参数】对话框中，❶设置参数，❷单击【确定】按钮。

第 8 章 财务表格间的关联查询 157

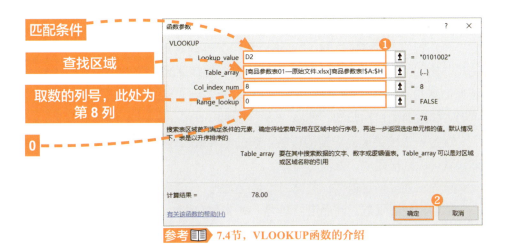

参考 7.4节，VLOOKUP函数的介绍

03» 上述操作完成后，I2 单元格中即可出现销售单价，将公式填充到 I 列底部，每个商品编码对应的销售单价即可自动填充至对应的单元格。

提示 读者打开效果文件时，由于路径改变，需要更新链接。此时，单击表格左上角的【启动内容】按钮，执行【编辑链接】→【更改源】操作，找到素材文件中的"商品参数表01—原始文件"进行链接即可。

8.2 编写关键类别，查询商品信息

小陈是某化妆品销售公司的成本会计，有一天，财务经理想看公司存货里面"洗面奶""乳液""霜""精华"这四大类商品的信息。但是商品参数表中没有单列出这些类别的商品，但是"存货名称"中包含"洁面""乳""霜""精华"等关键词。通过这些关键词，我们就可以辨别出这些商品所属的类别。

想要按经理的要求快速对商品进行分类，小陈就需要建立一个可以进行关键词检索的表格，并用关键词对商品进行归类。比如，当商品名称中有"洁面"这个关键词时，Excel将此商品自动归到"洗面奶"这个类别；有"乳"这个关键词时，将此商品自动归到"乳液"这个类别。

这是一个按关键词查询的任务，通过 LOOKUP 函数和 FIND 函数配合查询，就可以轻松完成。整体思路如下。

首先，列出判定依据：关键词和对应类别（手动写出）。

然后，使用函数对商品进行归类（使用函数嵌套）。

最后，按归类对商品进行筛选，得到想要的结果（使用筛选功能）。

本案例使用的公式如下。

=LOOKUP(0,-FIND($N$2:$N$14,B2),$O$2:$O$14)

下面分别介绍这两个函数的用法。

FIND 函数的语法格式如下。

FIND(指定字符串 , 目标文本 , 查找开始位置)

FIND 函数用来返回一个字符串在另一个字符串出现的起始位置（注意字母会区分大小写）。下面介绍 FIND 函数的参数。

①指定字符串：要查找的文本，字母区分大小写并且不允许使用通配符。本案例中该参数填写的是"$N$2:$N$14"，意思是在此区域查找关键词的内容。

②目标文本：要检索指定字符串的文本。本例中为 B2，是指查找的文本为"雪玲珑净白清透洁面晶"。

③查找开始位置：指定在目标文本中开始查找的位置。如果查找开始位置省略，则其值默认为 1。本例中省略，表示从第一个位置开始查找。

本案例的公式中，FIND 函数部分的结果如下。

{8;#VALUE!;#VALUE!;#VALUE!;#VALUE!;#VALUE!;#VALUE!;#VALUE!;#VALUE!;#VALUE!;#VALUE!;#VALUE!;#VALUE!;#VALUE!}

该函数返回的结果是数组，其表示：单元格 B2 中只找到了关键词列表中第一个关键词的起始位置"8"，即"洁面"的起始位置为"8"；其他的关键词均未找到，因此返回的是错误值"#VALUE!"。

下面介绍一下 LOOKUP 函数的用法。LOOKUP 函数有两种使用方式：向量形式和数组形式，本案例使用的是向量形式，其语法格式如下。

LOOKUP(查找值,查找区域,返回值)

下面介绍 LOOKUP 函数的参数。

①查找值：要查找的值，可以是数字、文本、逻辑值、名称或对值的引用。

②查找区域：只包含一行或一列的区域，可以是文本、数字或逻辑值。注意：当在查找区域中找不到查找值时，LOOKUP 就会找到小于等于查找值的最大值。

本案例中该参数是"FIND($N$2:$N$14,B2)"的结果值，而这个结果值只能是正数或错误值。根据 LOOKUP 的查找原则，当找不到与查找值完全匹配的值时，则返回小于等于查找值的最大值，这里我们为了方便匹配，将第一个参数设置为 0，第二个参数前加"-"使其显示为负数（-8）或错误值（#VALUE!）组成的数组，这样返回的就是负数对应的关键词，即在 B2 单元格内容"雪玲珑净白清透洁面晶"中查找出的起始位置为 8 的关键词"洁面"。

③返回值：只包含一行或一列的区域。这个参数引用的区域必须与第 2 个参数引用的区域对应。本案例中该参数填写的是"$O$2:$O$14"，即 O 列类别的内容。根据前面公式的计算结果，B2 返回的关键词是 N 列中的"洁面"，因此，对应的 O 列中的类别即为"洗面奶"。

下面是具体操作。

配套资源

第 8 章 \ 商品参数表 02—原始文件

第 8 章 \ 商品参数表 02—最终效果

请观看视频

01» 在 N 列和 O 列中创建用于检索的表格。例如根据"存货名称"中的关键词"乳"，可以将该商品的类别设定为"乳液"。

02» 按下页图所示的步骤插入 LOOKUP 函数。

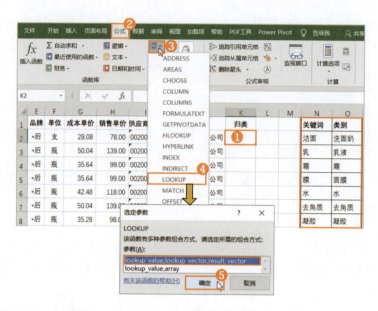

03» 按右图所示填写函数参数，填写完成后单击【确定】按钮。

指定为"0"

在"存货名称"列（B列）中查找含有"关键词"列的内容

找到后，返回对应"类别"列内容

04» 得到 K2 单元格的值"洗面奶"，将公式向下填充。

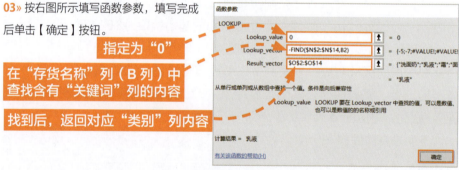

05» 使用筛选功能,将"归类"列中的"洗面奶"筛选出来,结果如下图所示。

FIND 函数用于发现此行有哪个关键词,LOOKUP 函数在 FIND 函数辨别出关键词的基础上,返回此关键词对应的类别。

根据指定科目,查询明细账

财务人员在日常工作中,不管是核对往来账务、做财务报表,还是做费用统计分析等工作,经常会有查询明细账的需求。查询明细账的方法有哪些呢?

第一种方法为筛选,就是使用之前讲过的筛选功能,这里只是简单展示结果,不再详细介绍步骤。

以查询"管理费用"明细账为例,使用筛选功能,便能轻松筛选出"管理费用"明细账,如下图所示。

第二种方法：数据透视表法。用数据透视表功能，依据"记账凭证登记表"制作"科目汇总表"，想要查看哪个科目的明细账，在"科目汇总表"中双击对应单元格即可。下面是具体步骤。

配套资源

第8章\科目汇总表01—原始文件

第8章\科目汇总表01—最终效果

请观看视频

01» 打开本实例的原始文件，它是由财务软件直接导出的，没有对应的明细数据，不能满足快速查询明细账的要求。

02» 下面用数据透视表将原始文件生成一个满足需求的"科目汇总表（查询）"。选中任意有内容的单元格，❶切换到【插入】选项卡，❷单击【表格】组中的【数据透视表】按钮，❸在弹出的【创建数据透视表】对话框中单击【确定】按钮。

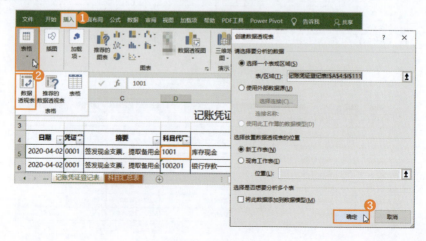

03» 弹出【数据透视表字段】任务窗格，按下图所示将 3 个字段分别拖曳到【行】区域和【值】区域，此时可得到数据透视表。然后将工作表重命名为"科目汇总表（查询）"。

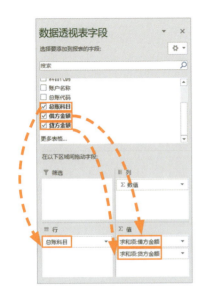

接下来可以对数据透视表进行美化，如加边框、修改项目名称、重设数字格式（具体步骤第 7 章已介绍，此处不重复展示）。

这个数据透视表中有"科目编码"使用时才方便，你是不是也想到用 VLOOKUP 函数引用科目编码，但是 VLOOKUP 函数只能从左向右查找，不能从右向左查找，此处不适用。这时可以使用 LOOKUP 函数的逆查找功能，填充科目编码。下面我们一起来看看具体操作过程。

01» 插入"科目编码"列，❶切换到【公式】选项卡，❷单击【函数库】组中的【查找与引用】按钮，❸在弹出的下拉列表中选择【LOOKUP】选项。

02» 在弹出的对话框中单击【确定】按钮。

03» 在弹出的【函数参数】对话框中填写函数参数,单击【确定】按钮。

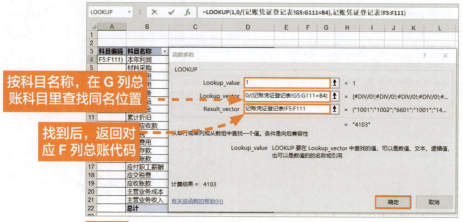

参考 8.2节,LOOKUP函数的介绍

04» 上述操作完成后,A4单元格中即可返回正确的科目编码"4103",将公式向下填充。然后删除表格上方的空白行。

	A	B	C	D
1	科目编码	科目名称	金额(借方)	金额(贷方)
2	4103	本年利润	522,340.31	548,870.00
3	1401	材料采购	392,000.00	392,000.00
4	6603	财务费用	740.00	740.00
5	6602	管理费用	80,857.08	80,857.08
6	1241	坏账准备		2,340.00
7	1406	库存商品	392,000.00	423,000.00
8	1001	库存现金	3,500.00	4,540.00
9	1602	累计折旧		1,003.31
10	1231	其他应收款	5,250.00	7,070.00
11	6801	所得税	8,843.23	8,843.23
12	6601	销售费用	8,900.00	8,900.00
13	1002	银行存款	248,000.00	231,953.13
14	2202	应付账款	49,000.00	328,290.00
15	2211	应付职工薪酬	59,483.13	74,263.77
16	2221	应交税费	50,033.13	89,496.36
17	1122	应收账款	629,460.00	248,240.00
18	6401	主营业务成本	423,000.00	423,000.00
19	6001	主营业务收入	548,870.00	548,870.00
20		总计	3,422,276.88	3,422,276.88

最后,通过查询明细账验证该方法达到的效果,下面以查询"管理费用"明细账为例。

01» ❶双击 C5 单元格,❷弹出一个新的工作表,表中内容就是"管理费用"明细账。

第 8 章 财务表格间的关联查询   165

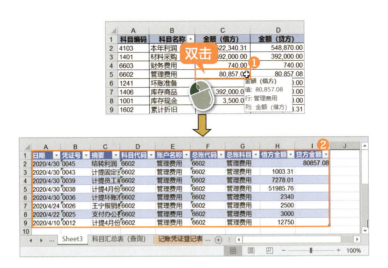

02》 如果想查看其他科目的明细账,例如"销售费用"明细账,也是同样的操作,结果如下图所示。"Sheet4"工作表不会覆盖"Sheet3"工作表。

　　用这个方法同时查询几个科目的明细账非常方便,无须关闭一个科目的明细账,再去查询另一个科目的明细账。

　　在学习查看明细账的过程中,我们还顺便学习了一项技能——快速制作科目汇总表。你都学会了吗?

当一项工作进展很慢时,多问"怎么办",或许能找到更便捷的方法。

8.4 本息到期,贷款管理台账查询

财务人员既要负责信息的输入,又要负责很多信息的输出。根据指定条件查询信息,为决策者提供信息,是很多财务人员经常要做的工作。

某汽车租赁公司的主营业务是购买高档汽车,对外出租,因为高档汽车都很贵,所以公司大多采取贷款的方式购入汽车,到期还本付息。公司财务人员小李有一个贷款管理台账,专门用于管理此项业务。每月初,小李都需要按照车辆品牌整理近30天即将到期的借款,并将其呈递给领导,以方便领导提前准备还款资金。

小李之前都是使用筛选功能完成上述任务,这样不仅容易出错,而且每月都需要重新筛选,花费较多时间,效率不高。

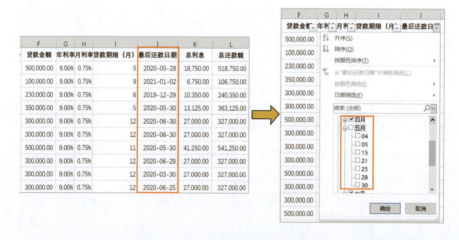

这时可以用 IF 函数和 TODAY 函数配合高级筛选来解决这个问题。主要思路是用 IF 函数和 TODAY 函数来辨别借款的到期情况,再用高级筛选来进行多条件快速筛选。IF 函数的语法格式如下。

IF(测试条件 , 结果 1, 结果 2 …)

IF 函数是一个逻辑函数,用于判断相关内容是否满足某个条件,即:如果满足"测试条件",则显示"结果 1";如果不满足"测试条件",则显示"结果 2"。

第 8 章 财务表格间的关联查询 167

此外，还可将多个 IF 函数嵌套使用。本案例中就是将多个 IF 函数和 TODAY 函数嵌套使用。

本次用到的公式：=IF(J2<=TODAY()," 已过期 ",IF(J2>TODAY()+30," 未到期 ",IF(J2<=TODAY()+30," 即将到期 ")))。

注意：TODAY 函数返回的是系统当前的日期，使用时没有参数，必须带一个括号，即 TODAY()。

下面分析公式中各参数的含义。

①测试条件："J2<=TODAY()" 代表 "今天及今天之前"。

②结果 1：满足测试条件，则返回 "已过期"。

③结果 2：不满足测试条件，则返回 "IF(J2>TODAY()+30," 未到期 ",IF(J2<=TODAY()+30," 即将到期 "))"。"结果 2" 是一个嵌套函数，意思是：判断出是 "今天之后的 30 天以后"，返回 "未到期"；判断出是 "今天之后的 30 天内"，返回 "即将到期"。

下面是具体操作。

01» 打开本实例的原始文件，在最右边加一列 "到期情况"，按下图所示步骤操作，插入 IF 函数来判断到期情况。

02» ❶弹出【函数参数】对话框，填写 3 个参数，❷单击【确定】按钮。第 3 个参数的含义如下。一种情况是今天之后，超过 30 天，返回 "未到期"；另一种是今天之后，不超过 30 天，返回 "即将到期",所以第 3 个参数是 IF(J2>TODAY()+30," 未到期 ", IF(J2<=TODAY()+30," 即将到期 "))。

03» 可以看到 M2 单元格返回到期情况,将公式向下填充。

> **提示**
>
> TODAY 函数返回的是系统的当前日期,也就是说,每天打开这个 Excel 文件时,这个日期是不断变化的,所以到期情况的结果也随着时间而改变。

下一步,小李要将即将到期的借款,按车的品牌(即"贷款项目"),筛选,并放在一个新表中,这里要用到高级筛选。

04» 将筛选条件写在表格的空白区域,一般写在右边,写在下边也可以。

第 8 章 财务表格间的关联查询　169

05» ❶选中要放筛选结果的单元格，❷切换到【数据】选项卡，❸单击【排序和筛选】组中的【高级】按钮。

06» 弹出【高级筛选】对话框，❶选中【将筛选结果复制到其他位置】单选钮，❷按照下图所示填写参数，❸单击【确定】按钮。

可以看到筛选出"奥迪车"即将到期的三条借款信息。

8.5　跨表格调用财务数据

公司薪酬大调整时，每个部门经理都提交了员工的最新工资，小王要将更新后的工资汇总在一起，然后统一发放。

员工工资表中的基本工资要从多个工作簿中取数汇总，涉及跨表格调用数据。（这些表的共同特征是拥有相同命名规则的员工编号。）

"基本工资"列数据是空的，需要从办公室、财务部、后勤部、销售部、质检部等提供的表格中取数，如下页图所示。

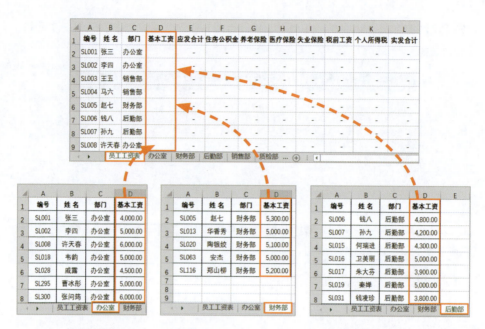

小王最开始想到使用 VLOOKUP 函数，填写参数并单击【确定】按钮后，得到右下图所示的结果。（前文已讲过这个函数，此处只列示结果，不再展示具体步骤。）

参考 7.4节，VLOOKUP函数的介绍

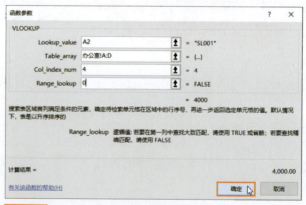

第 8 章 财务表格间的关联查询 171

小王发现，除了办公室这个部门的基本工资能正常取数，其他部门对应的单元格都显示为"#N/A"，表示查找不到数据。

小王仔细检查了 VLOOKUP 函数中的参数，发现第 2 个参数的查找范围有问题。因为所要查找的工资数据分散在 5 张工作表，而参数"办公室!A:D"只能查到办公室员工的工资，查找不到财务部、后勤部、销售部等部门员工的工资，导致 VLOOKUP 函数无法正常取数，所以结果自然显示查找不到数据。

既然无法直接取数，这时就需要在 VLOOKUP 函数中加入间接引用函数 INDIRECT！它很少单独使用，但若与 VLOOKUP 函数嵌套使用，则有较大作用。

将参数"办公室!A:D"改成代表多张工作表对应的同一区域"A:D"，既可以代表"办公室"工作表中的区域"A:D"，又可以代表"财务部""后勤部""销售部"等工作表中的区域"A:D"。

每张工作表的取数区域"A:D"不变，此时需要将"办公室"三个字进行灵活替换。仔细观察发现，C 列就是所取数据对应的部门。

所以，在修改 D2 单元格的公式时，第 2 个参数可以用"C2"代替"办公室"三个字；相应地，D4 单元格中公式对应的第 2 个参数变成"C4"，代表"销售部"。这表示用"C2"替代"办公室"是正确的。

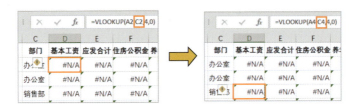

"C2"和引用区域 "!A:D"，用 & 相连，得到 C2&"!A:D"，然后再将它放入"INDIRECT()"里，第 2 个参数就是"INDIRECT(C2&"!A:D")"。

这样，第 2 个参数的取数范围就会随着部门的改变而动态改变，VLOOKUP 函数就可以从相应的工作表中取数了。下面是修改参数的操作。

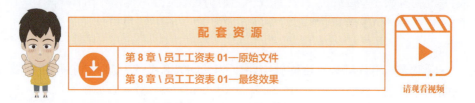

步骤 » 将公式中的第 2 个参数"办公室!A:D"替换为"INDIRECT($C2&"!A:D")"，修改后将新公式向下填充，这时可以看到"基本工资"列都能正常取数了。

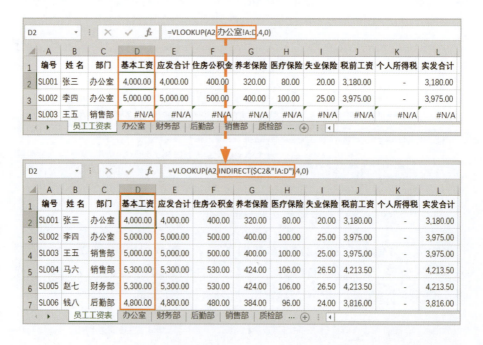

第 9 章

账款资金
和费用计算

- 如何快速统计资金费用?
- 如何快速汇总逾期费用?
- 如何快速计提固定资产折旧?

内心崩溃情景 1：

领导又催着我交财务报表，这么多数据要算，一不小心算错就要从头再来，我都快崩溃了！

内心崩溃情景 2：

客户的应收账款统计都是手动计算的，逾期就会影响企业的资金流动，为这事儿我没少挨训！

在财务人员的日常工作中，无论是计算应收账款、折旧、业绩提成，还是计算企业应还贷款等，都需要大量复杂的计算。如果完全依靠手动计算，可能每项任务花费几个小时也无法完成，不仅效率低，还很容易出错。但是使用函数来计算，几分钟就能搞定！

有人会说，Excel 中的函数太多了，学起来太难。其实不然，虽然 Excel 中的函数有 400 多个，但在财务工作中经常使用的函数也就 10 多个。本章重点介绍 IF、SUMIF、LOOKUP、SLN、DDB、SYD、HLOOKUP、PMT、PPMT、IPMT 等函数的用法。只要掌握了这些函数，就能解决财务工作中的大部分难题。

9.1 逾期未收金额统计

统计逾期未收款是财务人员经常要做的工作，如果完全依靠手动统计，就需要花费很多时间，影响回款进程。这项工作如果能够借助函数来完成，那就很轻松。

下图所示内容是某公司的应收账款明细表，现需要借助以下信息，定期统计超过收款期限的应收账款余款的总额。

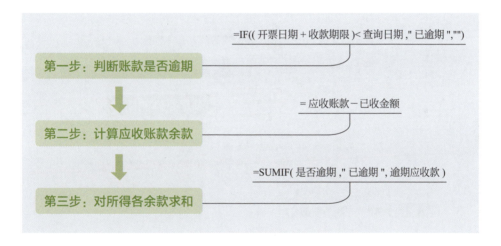

我们先来分析思路：首先应该判断每笔应收账款是否已逾期，如果已逾期，则计算其对应的应收账款余款，最后将所有已逾期账款对应的应收账款余款求和。下图所示的是各步骤对应的方法。

下面演示具体的操作步骤。

配套资源
第 9 章 \ 应收账款明细表—原始文件
第 9 章 \ 应收账款明细表—最终效果

请观看视频

01» 打开本实例的原始文件，❶增加两个辅助列："是否逾期"和"逾期应收款"，❷在 K1 等单元格中分别输入"查询日期""查询条件""逾期应收款总额""2020/6/1""已逾期"，如下页图所示。

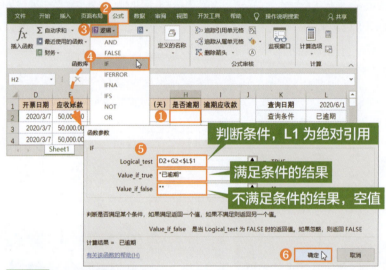

02» 计算账款是否逾期。❶选中 H2 单元格，❷切换到【公式】选项卡，❸单击【函数库】组中的【逻辑】按钮，❹在弹出的下拉列表中选择【IF】选项，弹出【函数参数】对话框，❺分别输入 3 个参数，❻单击【确定】按钮，如下图所示。

参考 8.4节，IF函数的介绍

> **提示**
> 　　在输入公式时，可以在单元格中手动输入，也可以使用【函数参数】对话框输入。但是，手动输入公式很容易出现错误，尤其是当参数较多或者需要使用嵌套函数时，因此建议初学者使用【函数参数】对话框来输入。

03» 返回工作表，将 H2 单元格中的公式向下填充。

04» 公式填充完成后，❶选中 I2 单元格，❷切换到【公式】选项卡，❸单击【函数库】组中的【逻辑】按钮，❹在弹出的下拉列表中选择【IF】选项，弹出【函数参数】对话框，❺分别输入 3 个参数，❻输入完成后单击【确定】按钮，如下图所示。

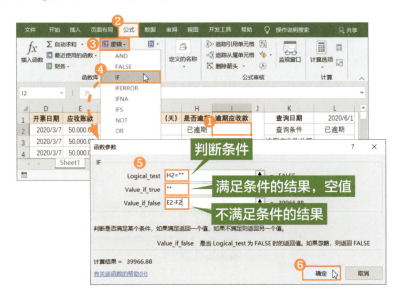

05» 返回工作表，将 I2 单元格中的公式向下填充。

06» 计算逾期应收款总额。❶选中 L3 单元格，❷切换到【公式】选项卡，❸单击【函数库】组中的【数学和三角函数】按钮，❹在弹出的下拉列表中选择【SUMIF】选项。

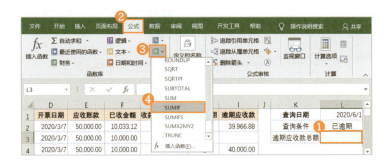

SUMIF 函数的功能是对报表范围内符合指定条件的值求和。其语法格式如下。

SUMIF(条件区域，判断条件，求和区域)

本案例中，条件区域是"是否逾期"列，即 H 列；判断条件是"已逾期"，即 L2 单元格中的内容；求和区域是"逾期应收款"列，即 I 列。

07» 弹出【函数参数】对话框，❶分别输入 3 个参数，❷单击【确定】按钮，如下图所示。

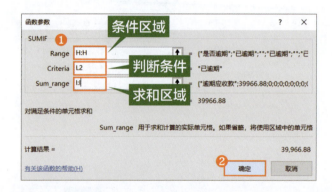

返回工作表即可看到最终结果，如下图所示。

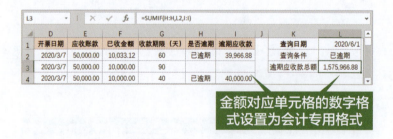

本案例中，设置了 4 个辅助列，这样可以将操作步骤分解，使操作时思路清晰且不易出错。而且，如果后期想要再次统计逾期应收款总额，不需要再次输入公式重新计算，只需更改 L2 单元格中的查询日期（或者在 L2 单元格中输入函数公式"=TODAY()"，打开表格即可查询当天的逾期应收款），公式的计算结果就会自动更新。

第 9 章　账款资金和费用计算　　179

9.2　应收账款的账龄分组统计

应收账款管理是财务管理的重要内容之一，合理管理企业的应收账款，可以大大减少应收账款的坏账。应收账款管理的首要任务就是明确谁欠了多少钱，拖欠多长时间，或者谁的钱还清了。本节介绍如何按应收账款的账龄进行分组统计，以便按组对应收账款进行有针对性的管理。

本案例以某公司的应收账款明细为例来介绍如何计算账龄，其账龄划分为 4 个级别（见 K4:L7 单元格区域），要实现的效果：当查询日期（见 L1 单元格）变化时，I 列的账龄信息可以自动更新。如下图所示。

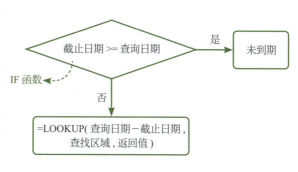

思路：首先使用 IF 函数来判断截止日期是否大于等于查询日期，如果是，则显示"未到期"；否则转到 LOOKUP 函数，根据查询日期和截止日期的差值匹配对应的账龄。

具体的操作步骤如下。

配套资源

第 9 章 \ 应收账款账龄分析—原始文件
第 9 章 \ 应收账款账龄分析—最终效果

请观看视频

01» 打开本实例的原始文件，首先输入 IF 函数。❶选中 I2 单元格，❷切换到【公式】选项卡，

❸单击【函数库】组中的【逻辑】按钮，❹在弹出的下拉列表中选择【IF】选项，弹出【函数参数】对话框，❺输入第 1 个和第 2 个参数。

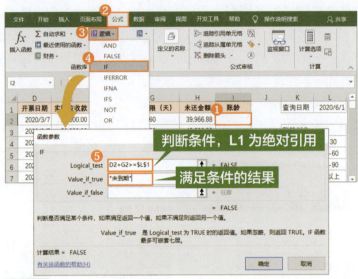

参考 8.4 节，IF函数的介绍

02» 插入 LOOKUP 函数。❶将光标定位到第 3 个参数的文本框中，❷单击工作表中名称框右侧的下拉按钮，在弹出的下拉列表中❸选择【其他函数】选项，弹出【插入函数】对话框，❹在【搜索函数】文本框中输入函数名，这里不区分字母大小写，❺单击【转到】按钮，❻在【选择函数】列表框中选择【LOOKUP】，❼单击【确定】按钮。

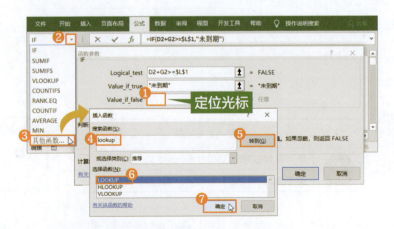

03» 弹出【选定参数】对话框，默认选择的是第一个选项（向量形式），此处保持默认选择。❶单击【确定】按钮，弹出【函数参数】对话框，❷分别输入3个参数，❸输入完成后单击【确定】按钮。

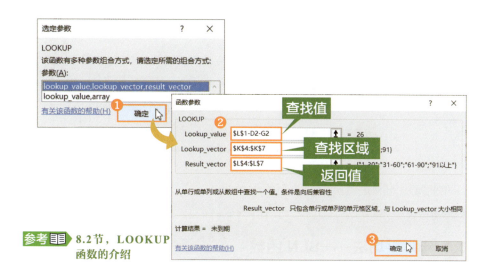

参考 8.2节，LOOKUP函数的介绍

04» 返回工作表，将I2单元格中的公式向下填充。

可以看到所有应收账款的账龄都统计好了，效果如下图所示。

后期更改查询日期即可自动更新账龄，无须重新计算。账龄统计好后，就可以按账龄对应收账款进行分组，从而采取有针对性的管理措施。

9.3 固定资产折旧计提

对企业的固定资产进行折旧计算是财务人员经常要做的工作，如果纯靠手工来完成，一项固定资产的折旧就要计算很久，效率极低。

Excel 就有专门计算固定资产折旧的函数，使用它们来计算会很轻松。

企业常用的固定资产折旧法有年限平均法（直线法）、双倍余额递减法和年数总和法，下面分别介绍与之对应的函数。

9.3.1 年限平均法——SLN 函数

年限平均法又称直线法，是简单且常用的一种固定资产折旧计算方法。它以固定资产的原值减去预计净残值后的余额除以预计使用年限，求得每年的折旧费用。在各年使用固定资产的情况相同时，采用年限平均法比较恰当。其对应的 SLN 函数的语法格式如下。

SLN(资产原值,资产残值,折旧期限)

例如，某公司有一台设备，其原值为 80000 元，预计使用寿命为 10 年，预计净残值率为 5%。因此，资产残值为 80000×5%，即 4000 元，折旧期限为 10 年。SLN 函数的各个参数都介绍清楚了，下面介绍具体的操作步骤。

配套资源
第 9 章\固定资产折旧表—原始文件
第 9 章\固定资产折旧表—最终效果

请观看视频

01» 打开本实例的原始文件，由于 SLN 函数的参数很简单且不变，因此可以同时在多个单元格中输入公式。❶选中 D2:D11 单元格区域，❷切换到【公式】选项卡，❸单击【函数库】组中的

第 9 章 账款资金和费用计算 183

【财务】按钮，❹在弹出的下拉列表中选择【SLN】选项。

02» 弹出【函数参数】对话框，❶分别输入 3 个参数，❷单击【确定】按钮。

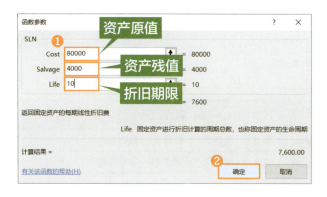

返回工作表，可以看到用年限平均法计算的固定资产折旧数据，如下图所示。

累计折旧 = 从第一个折旧年度到本年度的折旧额之和，例如 E3=SUM(D$2:D3)，E4=SUM(D$2:D4)

资产净值 = 资产原值 − 累计折旧
例如 F2=B2−E2，F3=B3−E3

9.3.2 双倍余额递减法——DDB 函数

双倍余额递减法是在不考虑固定资产预计净残值的情况下，根据每年年初固定资产净值和双倍的年限平均法折旧率，计算固定资产折旧额的一种方法。应用这种方法计算折旧额时，由于每年年初固定资产净值没有扣除预计净残值，所以现行的会计制度规定，一般情况下，在固定资产使用的最后两年中，将折旧方法改为年限平均法，即将固定资产的净值扣除预计净残值后的余额除以 2 作为最后两年的应计提折旧。其对应的 DDB 函数的语法格式如下。

> DDB(资产原值，资产残值，折旧期限，需要计算折旧值的期间，余额递减速率)

还是以前面的案例进行介绍，固定资产的原值为 80000 元，资产残值为 80000×5%，即 4000 元，折旧期限为 10 年，需要计算折旧值的期间应与会计年度相同。也就是说如果会计年度为 1，则需要计算折旧值的期间就是 1 年，由于这里选用的是双倍余额递减法，所以余额递减速率为 2。

具体的操作步骤如下。

配 套 资 源

第 9 章 \ 固定资产折旧表 01—原始文件
第 9 章 \ 固定资产折旧表 01—最终效果

请观看视频

01» 打开本实例的原始文件，❶选中 D2 单元格，❷切换到【公式】选项卡，❸单击【函数库】组中的【财务】按钮，❹在弹出的下拉列表中选择【DDB】选项。

第 9 章 账款资金和费用计算　185

02» 弹出【函数参数】对话框，❶分别输入 5 个参数，❷单击【确定】按钮。

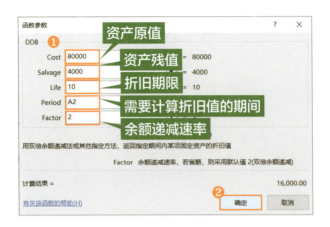

03» 将 D2 单元格中的公式向下填充到 D9 单元格，然后使用年限平均法计算最后两个会计年度的折旧额。这里需要注意的是 SLN 函数对应的资产原值应是资产初始原值减去前 8 年的折旧（即 E9 单元格中的数值），且使用年限应为 2 年。选中 D10 单元格，按下图所示步骤设置参数，完成后单击【确定】按钮。

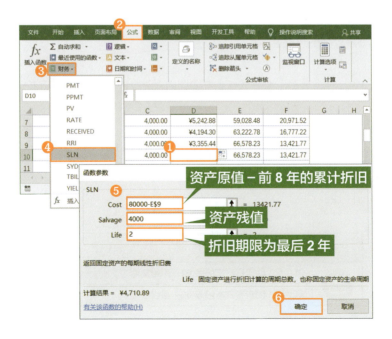

04» 返回工作表，将 D10 单元格中的公式向下填充，最终折旧数据如下图所示。

	A	B	C	D	E	F
1	会计年度	资产原值	资产残值	年折旧额	累计折旧	资产净值
2	1	80,000.00	4,000.00	¥16,000.00	16,000.00	64,000.00
3	2	80,000.00	4,000.00	¥12,800.00	28,800.00	51,200.00
4	3	80,000.00	4,000.00	¥10,240.00	39,040.00	40,960.00
5	4	80,000.00	4,000.00	¥8,192.00	47,232.00	32,768.00
6	5	80,000.00	4,000.00	¥6,553.60	53,785.60	26,214.40
7	6	80,000.00	4,000.00	¥5,242.88	59,028.48	20,971.52
8	7	80,000.00	4,000.00	¥4,194.30	63,222.78	16,777.22
9	8	80,000.00	4,000.00	¥3,355.44	66,578.23	13,421.77
10	9	80,000.00	4,000.00	¥4,710.89	71,289.11	8,710.89
11	10	80,000.00	4,000.00	¥4,710.89	76,000.00	4,000.00

> **提示**
> 在实务中应用双倍余额递减法计提折旧时，对最后两年折旧方法的规定并不具备普遍性，切忌生搬硬套，应遵循谨慎性原则的要求，合理规划各期折旧，以避免不必要的会计更正。

9.3.3 年数总和法——SYD 函数

年数总和法是一种通过使用年数总和计算年折旧额的方法，其对应的 SYD 函数的语法格式如下。

> SYD(资产原值，资产残值，折旧期限，需要计算折旧值的期间)

用前面的案例进行介绍，资产原值为 80000 元，资产残值为 80000×5%，即 4000 元，折旧期限为 10 年，需要计算折旧值的期间应与会计年度相同。也就是说如果会计年度为 1，则需要计算折旧值的期间就是 1 年。

具体的操作步骤如下。

配 套 资 源
第 9 章 \ 固定资产折旧表 02—原始文件
第 9 章 \ 固定资产折旧表 02—最终效果

请观看视频

01» 打开本实例的原始文件，按下页图所示步骤操作，在 D2 单元格中插入 SYD 函数。

02» 弹出【函数参数】对话框，❶输入 4 个参数，❷单击【确定】按钮。

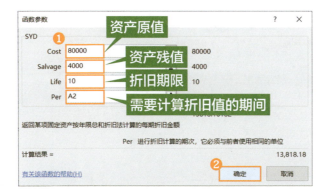

03» 返回工作表，将 D2 单元格中的公式向下填充，使用年数总和法计算的固定资产折旧数据如下图所示。

	A	B	C	D	E	F
1	会计年度	资产原值	资产残值	年折旧额	累计折旧	资产净值
2	1	80,000.00	4,000.00	¥13,818.18	13,818.18	66,181.82
3	2	80,000.00	4,000.00	¥12,436.36	26,254.55	53,745.45
4	3	80,000.00	4,000.00	¥11,054.55	37,309.09	42,690.91
5	4	80,000.00	4,000.00	¥9,672.73	46,981.82	33,018.18
6	5	80,000.00	4,000.00	¥8,290.91	55,272.73	24,727.27
7	6	80,000.00	4,000.00	¥6,909.09	62,181.82	17,818.18
8	7	80,000.00	4,000.00	¥5,527.27	67,709.09	12,290.91
9	8	80,000.00	4,000.00	¥4,145.45	71,854.55	8,145.45
10	9	80,000.00	4,000.00	¥2,763.64	74,618.18	5,381.82
11	10	80,000.00	4,000.00	¥1,381.82	76,000.00	4,000.00

以上便是计提固定资产折旧的常用方法及其对应的函数用法的介绍，企业应根据自身情况选择折旧方法。

9.4 业绩提成计算

很多人学会了使用 VLOOKUP 函数，但它只能按列查找数据，所以当碰到需要按行查找的情况时就不适用了。其实，按行查找的情况在财务工作中经常会遇到。

在核算员工业绩提成时，就需要按行查找对应的提成比例数据。例如，要从"业绩提成标准表"中查询每位员工的提成比例并将其放入"员工业绩提成核算表"中。这就是一个典型的按行查找数据的例子。

在本案例中，要查找员工周碧香（销售额为 11916 元）对应的提成比例，但是在"业绩提成标准表"里是找不到这个销售额的，它处在 10000~14999，这种情况下该怎么查找对应数据呢？

首先在查找区域内增加一行辅助行（"参照销售额"行），输入销售额区间的下限值，如下图所示。

然后使用 HLOOKUP 函数进行模糊查找，其语法格式如下。

HLOOKUP(匹配条件 , 查找区域 , 取数的行号 , 匹配模式)

VLOOKUP 函数可以按列查找数据，而 HLOOKUP 函数可以按行查找数据。下面是该案例中 HLOOKUP 函数各参数的含义。

①匹配条件：要查找"11,916.00"所在区间对应的提成比例，因此"匹配条件"就是"11,916.00"所在的单元格，即 C2 单元格。

②查找区域：由于要从"业绩提成标准表"中的第 2 行（"参照销售额"

行）查找，并返回第 3 行的数据，所以"查找区域"为"2:3"行。

③取数的行号：从第 2 行到第 3 行共有两行，所以"取数的行号"为 2。

④匹配模式：由于匹配的是区间而不是精确的数值，所以是模糊查找，因此第 4 个参数是 TRUE 、1 或者省略。表示当在查找区域（"参照销售额"行）没有找到匹配条件（"11,916.00"）时，就会往回找，找小于或等于匹配条件（"11,916.00"）的最大值，即"10,000.00"，其对应的提成比例为 6%。

HLOOKUP 函数的各个参数都介绍清楚了，下面演示具体的操作步骤。

01» 打开本实例的原始文件，按照下图所示步骤，在 D2 单元格中插入 HLOOKUP 函数。

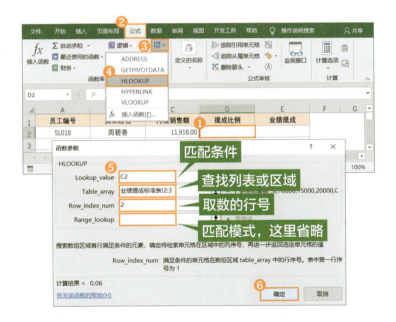

02» 将 D2 单元格中的公式向下填充。若参数使用相对引用，则在向下填充公式时会改变行号，所以需要将行号不能改变的参数更改为绝对引用。双击 D2 单元格，使其进入编辑状态，选中公式中的参数"业绩提成标准表 !2:3"，按【F4】键，即可使参数变为绝对引用"业绩提成标准表 !$2:$3"。

03» 将公式向下填充后可能会发现"提成比例"列的数字格式不对,此时只要单击【开始】选项卡下【数字】组中的【百分比】按钮即可将数字格式转换为百分比格式。

04» 计算业绩提成。在 E2 单元格中输入公式"=C2*D2",然后向下填充。最终效果如下图所示。

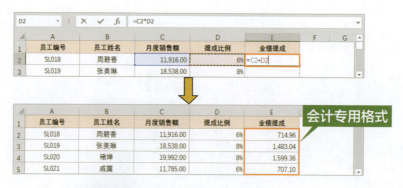

第 9 章 账款资金和费用计算

9.5 还款额的计算

计算贷款每期还款额是财务人员的日常工作之一，企业贷款之后，每个月都需要向银行还款。除了可以使用网上各种在线贷款计算器外，还可以利用 Excel 自带的函数——PMT、PPMT、IPMT，计算还款额。

例如，贷款金额为 80 万元，还款期限为 20 年。如果年利率为 4.7% 且保持不变，用等额本息法，会把贷款总额的本息之和平均分摊到整个还款期，按月等额还款，那么每个月应该还多少钱呢？

下面分别使用上述 3 个函数来计算。

PMT 函数——计算等额还款本息

PMT 函数，基于固定利率及等额分期付款方式，返回贷款的每期还款额。其语法格式如下。

本案例中：年利率为 4.7%，各期利率为 4.7%/12，即 0.39%；期限为 20 年，每月为 1 期，即总期数为 240 期；贷款金额为 80 万元，即本金为 80 万元；因为要全部还清，所以余值为 0；如果计算期初还款额，则第 5 个参数为 1，如果计算期末还款额，则第 5 个参数为 0 或省略。参数介绍清楚了，下面演示具体操作步骤。

01» 打开本实例的原始文件，计算月初还款金额。❶选中 B7 单元格，❷切换到【公式】选项卡，❸单击【函数库】组中的【财务】按钮，❹在弹出的下拉列表中选择【PMT】选项。

02» 弹出【函数参数】对话框，❶分别在 5 个参数文本框中输入对应参数，具体内容如下图所示，❷输入完成后单击【确定】按钮。

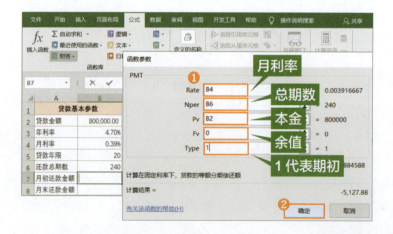

03» 返回工作表即可计算出月初还款金额，月末还款金额的计算方式与上述操作基本相同，只是最后一个参数为"0"，计算结果如右图所示。

第 9 章 账款资金和费用计算 193

PPMT 函数——计算等额还款本金

PPMT 函数，基于固定利率及等额分期付款方式，返回贷款在某一给定期间内的本金偿还额。其语法格式如下。

PPMT(各期利率，当前期数，总期数，本金，余值，期初 / 期末)

PPMT 函数的参数有 6 个，其中有 5 个参数与 PMT 函数的参数完全相同，只是多了一个"当前期数"参数。下面还是以前面的案例为例，介绍如何使用 PPMT 函数计算月偿还本金金额，具体步骤如下。

配套资源
第 9 章 \ 等额本息还款计算表 01—原始文件
第 9 章 \ 等额本息还款计算表 01—最终效果

请观看视频

01» 打开本实例的原始文件，计算月初偿还本金。❶选中 E2 单元格，❷切换到【公式】选项卡，❸单击【函数库】组中的【财务】按钮，❹在弹出的下拉列表中选择【PPMT】选项，如下图所示。

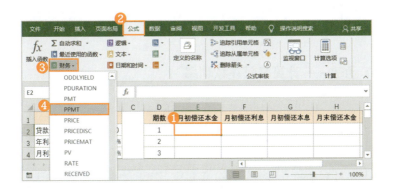

02» 弹出【函数参数】对话框，❶分别在各参数文本框中输入对应参数，由于无论计算哪期的金额，各期利率、总期数和本金都是不变的，所以要使用绝对引用，❷输入完成后单击【确定】按钮。

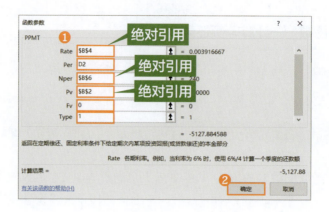

03» 返回工作表，将 E2 单元格中的公式向下填充到 E241 单元格。

04» 按照上述方法计算月末偿还本金，注意将第 6 个参数设置为 "0"。

IPMT 函数——计算等额还款利息

IPMT 函数，基于固定利率及等额分期付款方式，返回贷款在某一给定期间内的利息偿还额。其语法格式如下。

> IPMT(各期利率，当前期数，总期数，本金，余值，期初 / 期末)

由 IPMT 函数的语法格式可以看出，它的参数与 PPMT 函数的参数是完全一致的。下面还是以前面的案例为例，介绍如何使用 IPMT 函数计算月偿还利息金额，具体步骤如下。

第 9 章 账款资金和费用计算　195

配 套 资 源

第 9 章 \ 等额本息还款计算表 02—原始文件

第 9 章 \ 等额本息还款计算表 02—最终效果

请观看视频

01» 打开本实例的原始文件，计算月初偿还利息。❶选中 F2 单元格，❷切换到【公式】选项卡，❸单击【函数库】组中的【财务】按钮，❹在弹出的下拉列表中选择【IPMT】选项，如下图所示。

02» 弹出【函数参数】对话框，❶分别在各参数文本框中输入对应参数，这里的各期利率、总期数和本金都是不变的，所以要使用绝对引用，❷输入完成后单击【确定】按钮。

03» 返回工作表，将 F2 单元格中的公式向下填充到 F241 单元格。

04 » 按照上述方法计算月末偿还利息，注意将第 6 个参数设置为"0"。

05 » 至此月初和月末应还本金和利息都计算完了，接下来分别将月初和月末的本金和利息相加，最终结果如下图所示。

最后，通过比较可以看到，使用 PPMT 函数和 IPMT 函数计算的应还本息之和与使用 PMT 函数计算的应还本息额是一致的。

本案例 3 个函数计算出的结果都是负值，如果想要将结果变成正值，可以在"本金"参数前加上负号。

9.6 公式错误排查技巧

第 2 章介绍了数据规范的重要性和建表的具体规范，在表格规范、数据规范的前提下，使用公式计算一般不会有问题。但是在实际工作中还是经常会遇到各种意外，导致公式结果出现错误。当公式的结果出错时，尤其出现不认识的符号时，很多人会不知所措。

千万别慌！只要找到错误根源，对症下药，解决问题就会很轻松。

当公式出错时会产生不同的错误值，掌握这些错误值的含义，就能给解决问题提供很多帮助。

#NAME?——函数名称错误

该错误值出现的首要原因是公式中存在拼写错误。例如，右图中的"vlokup"少了一个字母"o"。所以当公式结果为"#NAME?"时，首先应检查函数名拼写是否错误。

#VALUE!——值错误

在 Excel 中，不同类型的数据或运算符能够执行的运算不同。例如，算数运算符就不能对纯文本进行运算，如果强制执行，就会出现右图所示的错误结果。

#N/A——匹配不到数据

该错误值一般出现在查找函数中，说明在当前区域中查找不到与查找内容匹配的结果。例如，当出现右图所示的错误值时，首先要查看查找值在不在当前匹配的数据区域内。

#DIV/0!——除数为 0 或空值

如果使用 0 或空格作为除数，就会出现错误值"#DIV/0!"，因此当看到该错误值时，首先要检查除数是否为 0 或空值。

#REF!——引用错误

当函数中所引用的位置不存在时，会出现该错误值。例如右图所示的案例中，误删了公式中引用的单元格或单元格区域，公式结果就会变成错误值"#REF!"。

第 10 章

多角度统计公司费用与收入

- 如何快速分类汇总公司费用？
- 如何使用数据透视表设计费用统计表？
- 如何在数据透视表中进行简单计算？
- 如何使数据透视表按季度统计收入？
- 如何快速切换统计结果？

第 10 章 多角度统计公司费用与收入 199

通过第 9 章的学习，相信你已经掌握了使用函数计算各种账款资金和费用的方法。

在财务工作中，公司的费用和收入数据也是经常需要分析的，所以这一章主要介绍如何多角度统计公司的费用和收入，用到的 Excel 功能主要有分类汇总功能和数据透视表功能。

10.1 快速分类汇总公司费用

一天，公司财务部新来的会计小刘接到经理安排的任务——分类汇总统计公司 10 月的费用，即按照"费用名称"来统计每项费用的金额，如下图所示。

日期	发生部门	费用类别	费用名称	金额
2020-10-1	销售部	销售费用	招待费	2,546.00
2020-10-1	销售部	销售费用	差旅费	6,400.00
2020-10-1	销售部	销售费用	办公费	2,299.00
2020-10-1	销售部	销售费用	交通费	2,126.00

每项费用的小计到底是多少呢？

如何快速完成工作呢？小刘没有任何头绪。

他请教旁边的同事后知道，可以使用分类汇总功能快速统计数据。同事还告诉他，使用分类汇总功能之前，要先将数据进行排序，下面我们就一起看看他是如何操作的吧！

配套资源
第 10 章 \ 费用明细表—原始文件
第 10 章 \ 费用明细表—最终效果

请观看视频

01» 对原始数据进行排序，排序的对象是"费用名称"。打开原始文件，选中首行任意一个有数据的单元格，按【Ctrl】+【Shift】+【L】组合键，显示筛选图标，❶单击"费用名称"下拉按钮，❷在弹出的下拉列表中选择【升序】选项，数据即可按"费用名称"升序排列。

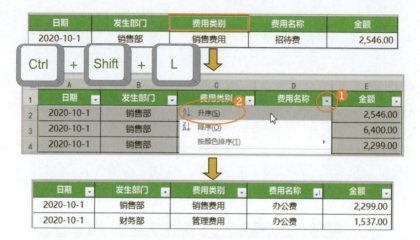

02» 使用分类汇总功能。❶选中数据区域中的任意一个单元格，❷切换到【数据】选项卡，❸单击【分级显示】组中的【分类汇总】按钮；在弹出的【分类汇总】对话框中，❹将【分类字段】设置为【费用名称】，【选定汇总项】中默认勾选【金额】，无须修改，❺单击【确定】按钮。

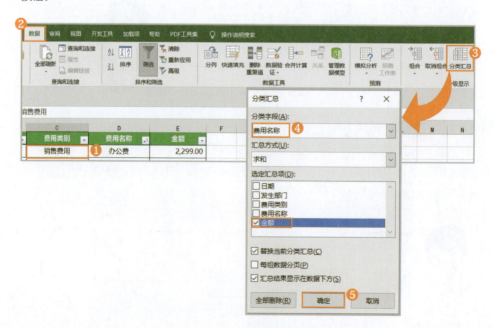

03» 得到下图所示的分类汇总结果。默认显示 3 个维度的数据，包含明细数据。❶ 单击左上方的 "1" 按钮，会显示总计金额；❷ 单击左上方的 "2" 按钮，会显示小计和总计金额。

常用的分类汇总结果一般通过单击左上角的 "2" 按钮显示。想要汇总其他维度的数据，操作步骤与此类似。

10.2 设计公司费用统计表

10.1 节中我们学习了如何使用分类汇总功能来统计数据，但是使用分类汇总功能之前需要先将数据排序，稍微有点儿麻烦。Excel 中有没有哪项功能是不需要排序，就可以汇总数据的呢？

答案是有，使用数据透视表就可以实现这一目的。下面介绍如何使用数据透视表制作公司的费用统计表，主要分为创建和美化透视表两个步骤。

10.2.1 创建数据透视表

创建数据透视表的简要步骤如下。

配 套 资 源

第 10 章 \ 费用明细表 01—原始文件

第 10 章 \ 费用明细表 01—最终效果

请观看视频

01»❶打开原始文件，选中数据区域中的任意一个单元格，❷切换到【插入】选项卡，❸单击【表格】组中的【数据透视表】按钮，在弹出的【创建数据透视表】对话框中保持默认设置，❹单击【确定】按钮。

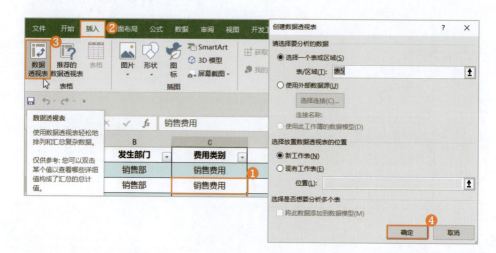

第 10 章 多角度统计公司费用与收入 203

02» 弹出一个新的工作表，在其右侧的【数据透视表字段】任务窗格中，依次将【发生部门】【费用类别】【费用名称】【金额】字段拖曳到【筛选】【列】【行】【值】区域中，即可生成数据透视表，如下图所示。

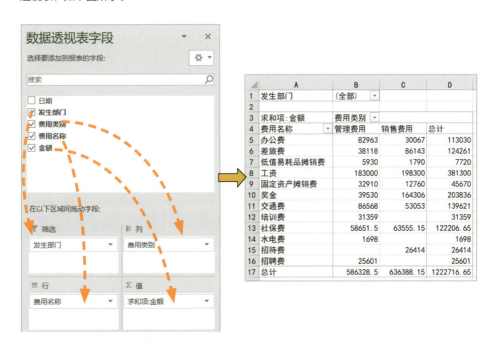

03» 按部门查看费用。❶单击【（全部）】下拉按钮，❷在弹出的下拉列表中，先勾选【选择多项】复选框，❸再取消勾选【全部】复选框，❹勾选【财务部】复选框，❺单击【确定】按钮，即可查看财务部的费用，如下图所示。

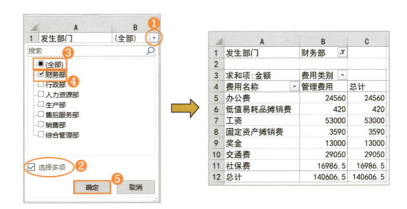

这样费用统计表就设计好了，是不是非常简单便捷啊！数据透视表的功能很强大，利用该功能轻轻松松就能统计和分析海量数据。

如果想按照费用类别或费用名称来统计费用，步骤也与此类似，把【费用类别】或【费用名称】字段拖曳到【筛选】区域，把【发生部门】字段拖曳到【行】或【列】区域即可。在实际工作中，可根据需求灵活运用该功能。

> **提示**
>
> 不知道你注意到没有，我们对原始明细表应用了<u>表格样式</u>。应用表格样式有什么好处呢？好处是修改明细表时，无论增加或删除行或列，<u>都无须重新制作数据透视表，只需刷新数据透视表</u>。
>
> 如何对整个明细表应用表格样式呢？
>
> ❶选中明细表中任意一个单元格，❷切换到【开始】选项卡，❸单击【样式】组中的【套用表格格式】按钮，❹在弹出的下拉列表中选择合适的样式，在弹出的【套用表格式】对话框中，保持默认设置，❺单击【确定】按钮。

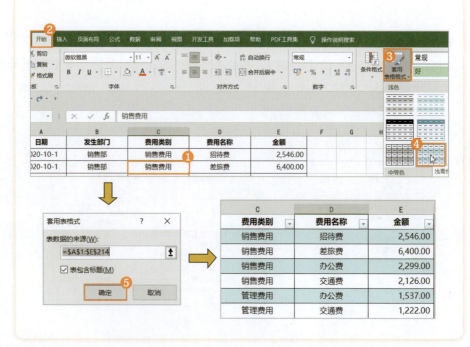

第 10 章 多角度统计公司费用与收入　205

Q 想看数据透视表中某个单元格的明细数据，怎么办？

A

如果想看数据透视表中某个单元格的明细数据，无须再到明细表中按条件筛选，直接在数据透视表中双击该单元格，即会弹出一个新的工作表，里面即是该单元格的明细数据。

10.2.2 美化数据透视表

初步完成的数据透视表往往不够美观，如右图所示。

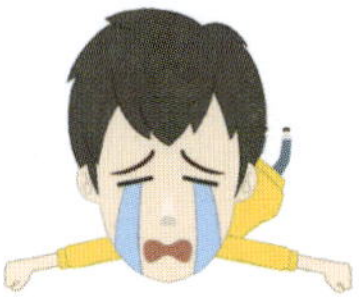

如何对它进行美化呢？下面是简要步骤。

配套资源

第 10 章 \ 费用明细表 02—原始文件

第 10 章 \ 费用明细表 02—最终效果

请观看视频

01» 更换数据透视表的样式。打开原始文件，❶选中表格内的任意一个单元格，❷切换到【设计】选项卡，❸单击【数据透视表样式】组中的【其他】按钮，❹在弹出的下拉列表中选择一种样式，即可为数据透视表更换合适的样式。

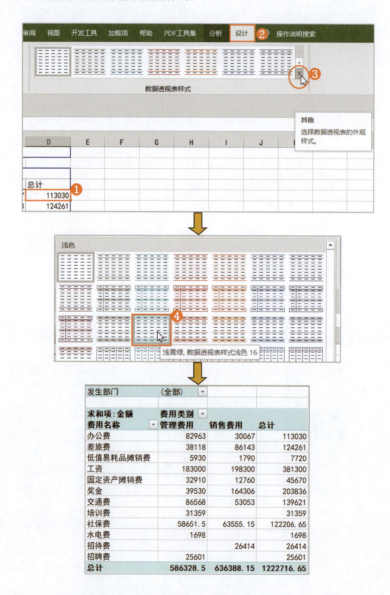

02» 将数据透视表中的数据格式设置为符合阅读习惯的千位分隔样式。将数据透视表中字段的对齐方式设置为居中对齐，行高设置为 20，操作比较简单，不展示具体步骤，只展示结果。

第 10 章 多角度统计公司费用与收入　207

这样，数据透视表很快就美化好了，这一方法是不是非常简单实用啊！你也可以按照此方法，按照自己的审美美化数据透视表。

10.3 添加计算字段，计算税后收入

在财务工作中，我们常常看到很多销售额明细表里的销售数据是税前数据，如下图所示。如果要统计税后收入（此案例的税指的是增值税，税率为13%），该怎么做呢？

	A	B	C	D	E	F	G
1	下单日期	产品编号	产品名称	规格(ml/瓶)	单价(元/瓶)	订单数量	订单金额(元)
2	2021/1/3	GH001	保湿面霜	300	463.00	66	30,558.00
3	2021/1/3	GH002	控油面霜	300	393.00	55	21,615.00
4	2021/1/3	GH003	保湿洗面奶	400	436.00	47	20,492.00
5	2021/1/4	GH004	普通洗面奶	250	429.00	64	27,456.00
6	2021/1/4	GH005	控油洗面奶	400	391.00	40	15,640.00
7	2021/1/4	GH003	普通洗面奶	250	416.00	30	12,480.00
8	2021/1/4	GH006	抗皱面奶	250	464.00	40	18,560.00
9	2021/1/4	GH002	控油面霜	300	429.00	49	21,021.00

一种方法是直接在明细表中用公式计算出税后收入（但此处我们不想改变明细表数据），另一种方法是在数据透视表中计算出税后收入（这是我们本次想使用的方法）。后一种方法该怎么操作呢？公司税后收入就是销售额除以（1+13%）。

直接在数据透视表后面输入公式，这样计算出来的税后收入是错误的；要想正确计算需要在数据透视表里添加新的计算字段。简要步骤如下。

配套资源

第 10 章 \ 销售明细表—原始文件
第 10 章 \ 销售明细表—最终效果

请观看视频

01» 打开原始文件，按照前面制作数据透视表的方法做出产品名称和订单金额的数据透视表，如右图所示。

行标签	求和项:订单金额(元)
保湿面霜	784,722.00
保湿爽肤水	1,951,688.00
保湿洗面奶	1,316,767.00
抗皱面霜	661,638.00
抗皱洗面奶	168,666.00
控油面霜	2,517,810.00
控油爽肤水	1,279,487.00
控油洗面奶	2,337,195.00
普通洗面奶	2,471,185.00
总计	13,489,158.00

02» 选中数据透视表区域内任意一个单元格，❶切换到【分析】选项卡，❷单击【计算】组中的【字段、项目和集】按钮，❸在弹出的下拉列表中选择【计算字段】选项。

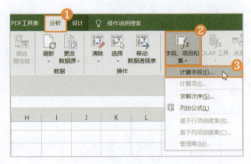

03» ❶在弹出的【插入计算字段】对话框中，在【名称】文本框中输入"税后收入"，❷删除【公式】文本框中的"0"，❸双击【字段】列表框中的【订单金额（元）】选项，❹输入"/1.13"，此时【公式】文本框中的公式为"='订单金额（元）'/1.13"，❺单击【确定】按钮，即可得到最终结果。

第 10 章 多角度统计公司费用与收入 209

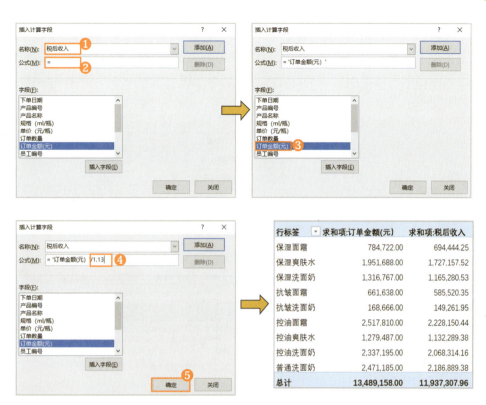

10.4 按季度统计各类产品销售收入

在统计产品销售收入时，经常需要按照时间维度分析数据，但是汇总出来的数据透视表涉及"下单日期"字段，表中默认以"月"为汇总单位，每个月又包含每个产品的日明细账，如下图所示。

虽然月份数据的汇总用途广泛，但分析收入时经常需要按季度统计，这就涉及下单日期的修改，一般人会想到通过在任务窗格里设置字段格式来实现。但这次不行，因为【字段设置】对话框里没有对日期本身的修改选项，如下图所示。

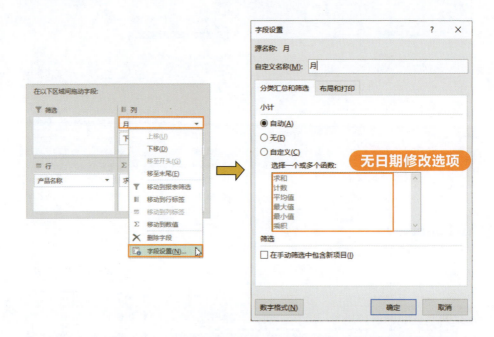

其实，有两种方法可以实现按季度统计数据，一种方法是使用数据透视表自带的组合功能，另一种方法是使用日程表筛选器。下面分别介绍这两种方法。

利用组合功能修改统计时间

其实数据透视表本身的修改选项更多，任务窗格里无法实现的细节修改都可以在数据透视表里完成，具体步骤如下。

配 套 资 源
第 10 章 \ 销售明细表 01—原始文件
第 10 章 \ 销售明细表 01—最终效果

请观看视频

01» 打开原始文件，❶选中数据透视表中含有月份的任意一个单元格，单击鼠标右键，❷在弹出的快捷菜单中选择【组合】选项，如下图所示。

02» ❶弹出【组合】对话框，选择【季度】选项，❷单击【确定】按钮，即可实现所需要的效果，如下图所示。

组合功能可用于对时间进行精确修改，不仅能修改大类时间，而且能修改起始时间、间隔天数，十分方便。

使用日程表筛选器修改统计时间

使用日程表筛选器修改统计时间的具体步骤如下。

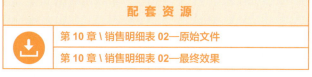

01»打开原始文件，选中数据透视表数据区域中的任意一个单元格，❶切换到【分析】选项卡，❷单击【筛选】组中的【插入日程表】按钮，❸弹出【插入日程表】对话框，勾选【下单日期】复选框，❹单击【确定】按钮。

02»弹出"下单日期"日程表筛选器，默认以"月"为单位，在其中修改时间单位。❶单击【月】下拉按钮，❷在弹出的下拉列表中选择【季度】选项，"所有期间"就会按照"季度"排列，如下图所示。

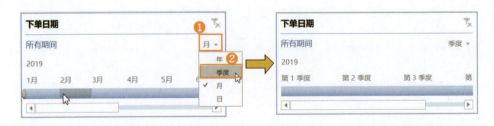

> **提示**　　日程表筛选器默认为全部选中状态，只要单击对应的蓝色按钮，数据透视表就会出现相应的数据。另外，不管数据透视表中的数据有多少，日程表筛选器都会默认显示完整的年度筛选项（第1季度到第4季度）。

第 10 章 多角度统计公司费用与收入 213

03» 使用日程表筛选器。单击【第 1 季度】按钮，数据透视表就会显示出第 1 季度的数据。

10.5 按渠道快速切换销售统计结果

在数据透视表中，如果想切换数据统计结果，可以用筛选功能。但这个功能不够直观，那么，数据透视表中有没有什么功能可以像前面插入日程表一样，做出单独的筛选器呢？

▲ 数据透视表自带的筛选工具

答案是有，就是切片器功能。下面我们就系统地学习切片器的各项功能。

🖱 插入切片器

以本案例原始文件中做好的销售统计数据透视表为例，使用切片器，按渠道快速切换统计结果，具体步骤如下。

配 套 资 源

第 10 章 \ 销售明细表 03—原始文件

第 10 章 \ 销售明细表 03—最终效果

请观看视频

01» 打开原始文件，选中数据透视表区域内的任意一个单元格，❶切换到【分析】选项卡，❷单击【筛选】组中的【插入切片器】按钮，❸在弹出的【插入切片器】对话框中勾选【渠道】复选框，❹单击【确定】按钮，如下图所示。

02» 出现切片器，单击相应筛选项，即可按渠道快速切换筛选数据。

第 10 章 多角度统计公司费用与收入　215

提示

①切片器默认为无筛选状态，单击筛选项，就可以进行单项筛选。

②在单项筛选状态下，单击【清除筛选器】按钮，会回到无筛选状态。

③如果筛选项多，想要进行多选，可单击【多选】按钮。

 用一个切片器控制多个数据透视表

财务人员经常需要多角度分析数据，将多个数据透视表放在一起分析数据。在筛选要素相同的情况下，例如都是按"渠道"筛选数据，每个表都要有一个切片器吗？当然不用，使用切片器中的报表连接功能，就可以用一个切片器实现多个数据透视表联动，具体步骤如下。

01» 打开原始文件，已有一张前面做好的数据透视表，需要再做一张数据透视表。方法和前面一样，区别在于在【创建数据透视表】对话框中，❶在【选择放置数据透视表的位置】组中选中【现有工作表】单选钮，❷单击"Sheet1"工作表中的 A17 单元格，【位置】文本框中会自动添加相关信息，操作完成后单击【确定】按钮。

 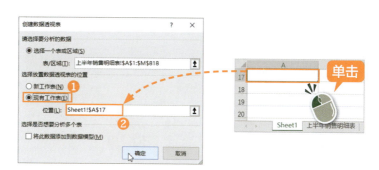

02 » 在右侧出现的任务窗格里，将【员工姓名】【产品名称】【订单金额(元)】字段依次拖曳到【行】【列】【值】区域。

03 » 选中前面做好的"渠道"切片器，❶切换到【选项】选项卡，❷单击【切片器】组中的【报表连接】按钮，❸弹出【数据透视表连接（渠道）】对话框，默认勾选数据透视表1对应的复选框，勾选数据透视表2对应的复选框，❹单击【确定】按钮，即可得到最终结果，如下图所示。

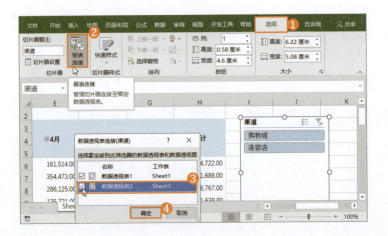

下面我们来验证是否实现了多表联动。单击切片器的第二个选项【连锁店】，可以发现两个表的数据都发生了相应的变动。至此，用一个切片器控制多表的操作完成。

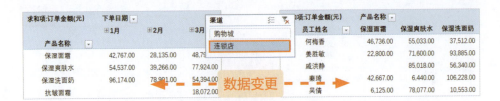

切片器的布局与美化

切片器已经做好了,但是默认的样式可能不是我们想要的。例如,切片器由页眉和筛选项两部分构成,但我们想要的只是筛选功能,那么开头的页眉就显得很多余,能把它去掉吗?答案是可以。

去除切片器页眉的步骤比较简单,只需要打开【切片器设置】对话框进行相关设置。打开该对话框的方法有两种:一种是选中切片器,单击鼠标右键,在弹出的快捷菜单中选择【切片器设置】选项;另一种是在【选项】选项卡的【切片器】组中单击【切片器设置】按钮。

打开【切片器设置】对话框后,取消勾选【页眉】组中的【显示页眉】复选框,再单击【确定】按钮,切片器页眉就去掉了。

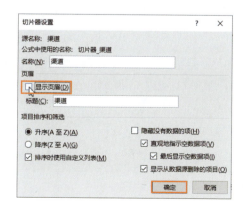

提升篇

打造财务分析报告

随着信息技术的发展,很多企业都上线了财务系统,传统的数据收集、核算等基础工作被功能全面的财务系统替代。财务人员需要将更多精力投入为企业创造价值的业务中,如果不想被淘汰,就要掌握经营分析技能,快速响应业务发展需求,为企业经营决策助力。

第 11 章

财务分析的思路和方法

- 好的财务分析是什么样的?
- 初学者有哪些"坑"要避开?
- 如何让财务分析体现应有价值?

财务人员从掌握企业的日常核算工作，到接手企业的纳税、预算、审计等工作，一步步成长，迎来了非常重要，也非常考验综合实力的财务分析工作。

财务分析是在会计基础、财务管理和企业经济分析的基础上发展形成的，反映企业一定时期经营状况、资金状况，并提出改进的意见和建议，助力企业发展。它属于财务领域金字塔顶端的工作。

大部分财务人员做会计核算非常自信，驾轻就熟，但只要领导说想看某个方面的财务分析，就会瞬间失去信心。

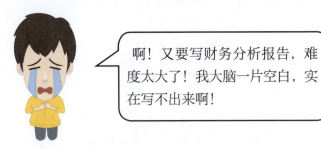

这都是因为没有思路和方法！在这种情况下，勉为其难去做，结果可想而知。

若想让财务分析不再困难，找对思路和方法很重要。财务分析的思路和方法主要有以下4个方面，这4个方面相互促进，缺一不可。

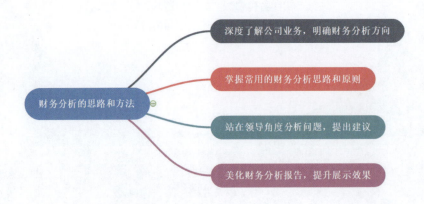

下面就让我们逐项学习吧！

第 11 章 财务分析的思路和方法　221

11.1　深度了解公司业务，明确财务分析方向

11.1.1　深度了解公司业务

Q 针对本小节主题，初学者容易踩的"坑"是什么？

A

　　财务人员不想花精力了解公司业务，认为自己只需要了解财务数据，做好本岗位的工作就可以了。
　　结果：陷入只对数据进行表面分析的尴尬局面，无法深入业务实质，得出的分析结论跟真实的业务情况相去甚远，甚至完全相反。

　　从下面这个例子就能看出深度了解公司业务对做好财务分析的重要性。
　　北京某科技有限公司 2019 年年初进行了重要战略布局，大力开拓欧洲市场，招聘了 15 位高端销售人才，派驻欧洲各国，所以，销售费用中的工资、社会保险费、差旅费、业务宣传费、展览费都增加较多。

	总账科目	项目	2018年	2019年	增长额	增长率
			2019年销售费用专项分析			
3	销售费用	广告费	4,300,000.00	4,580,000.00	280,000.00	7%
4	销售费用	工资	8,750,000.00	11,025,000.00	2,275,000.00	26%
5	销售费用	福利费	350,000.00	385,000.00	35,000.00	10%
6	销售费用	业务招待费	3,150,000.00	3,402,000.00	252,000.00	8%
7	销售费用	办公费	750,000.00	820,000.00	70,000.00	9%
8	销售费用	差旅费	3,530,000.00	4,306,500.00	776,500.00	22%
9	销售费用	业务宣传费	2,980,000.00	3,497,200.00	517,200.00	17%
10	销售费用	运输费	370,000.00	407,000.00	37,000.00	10%
11	销售费用	材料费	210,000.00	220,500.00	10,500.00	5%
12	销售费用	保险费	95,000.00	99,400.00	4,400.00	5%
13	销售费用	税金	170,000.00	178,500.00	8,500.00	5%
14	销售费用	展览费	1,360,000.00	1,659,200.00	299,200.00	22%
15	销售费用	社会保险费	1,150,000.00	1,328,000.00	178,000.00	15%
16	销售费用	职工教育经费	60,000.00	65,200.00	5,200.00	9%
17	销售费用	工会经费	20,000.00	22,000.00	2,000.00	10%
18	销售费用	低值易耗品摊销	2,800.00	2,884.00	84.00	3%
19	销售费用	折旧费	60,000.00	62,400.00	2,400.00	4%
20	销售费用	其他	21,000.00	22,050.00	1,050.00	5%
21	合计		27328800	32082834	4,754,034.00	17%

会计小陈由于不了解公司业务，所以对战略调整并不知情。而财务主管安迪，在某次审核展览费时，发现欧洲方面的展览费异常增加，就主动询问了销售总监，了解了这项战略调整。

次年年初，财务总监让部门同事都提交一份财务分析报告，分析公司2019年销售费用大幅上涨的原因，并给出措施和建议。小陈和安迪上交了截然不同的答卷。

不了解公司业务的会计小陈：

公司2019年的销售费用与去年同期相比增长了17%。

这是因为2019年公司的销售人员增加了很多，而且销售人员出差在外的时间很多，销售人员的工资、社会保险费和差旅费增多，同时展览费、业务宣传费也增加较多，导致销售费用总体大幅增长。

建议：控制销售人员的差旅费开支，非紧急情况，销售人员可以坐火车出行，尽量不要乘坐飞机出行；能通过电话和邮件联系客户的，就无须销售人员出差。同时对展览费、业务宣传费进行管控，减少不必要的费用支出。

对公司业务了然于胸的财务主管安迪：

公司2019年的销售费用与去年同期相比增长了17%。

这是因为年初公司进行了重要战略调整，大力开拓欧洲市场，招聘了15位高端销售人才，派驻欧洲各国，所以销售人员的工资、社会保险费、差旅费，以及展览费、业务宣传费增长较快。

建议：加强对销售人员的业绩考核，督促其产生新的大订单，以匹配销售费用的大幅增长，进一步提升欧洲市场的销售业绩。

假如你是这家公司的总经理，看完小陈和安迪的两份财务分析报告，你会采用哪一份呢？

当然是安迪写的那份，对不对？不是因为她的职位高，而是因为她能从公司实际业务出发，写出对公司切实可行的财务分析报告。

而小陈由于不了解公司业务，给出的分析是行业通用的，并不符合本公司业务实情，因此也就无法被采用。

这就说明，如果对公司业务不了解，写出的财务分析报告就无法对公司的运营提供切实可行的意见和建议；只有在深度了解公司业务的前提下，写出的财务分析报告才能给管理者切实可行的建议。

财务分析讲究"深入浅出"，"深入"，就是深度了解公司业务，透过现象看到业务的本质。

财务人员应该如何深度了解公司业务呢？除了对财务核算数据要清楚之外，还要对公司主要产品的生产、采购、研发、库存、销售等整体情况有深入了解，最后还要对行业发展情况、同行业竞争企业的情况、宏观经济环境等有一定的了解。

我们要牢记：财务分析不是报表分析，必须深入业务实质。只有了解了业务实质，才能明确财务分析方向。

11.1.2 明确财务分析方向

Q 针对本小节主题，初学者容易踩的"坑"是什么？

A
没有明确的财务分析方向，获得财务数据后，想到哪儿就写到哪儿，如无头苍蝇一样乱飞乱撞。
结果：整个分析没有方向和重点，最后形成的报告结构松散，偏题跑题，往往还要返工，费时费力。

怎样明确财务分析方向呢？一般情况下，公司所处的发展阶段及公司的导向决定着财务分析的方向。

公司处于不同发展阶段，财务工作重点自然也不同，见下页图的例子。

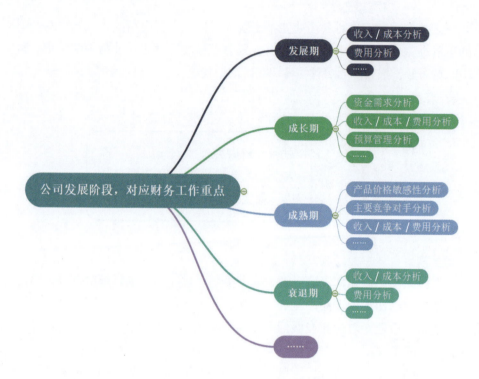

公司的导向，决定财务工作重点。公司的导向就是现阶段公司发展的大方向和工作重点，如下图所示的例子。

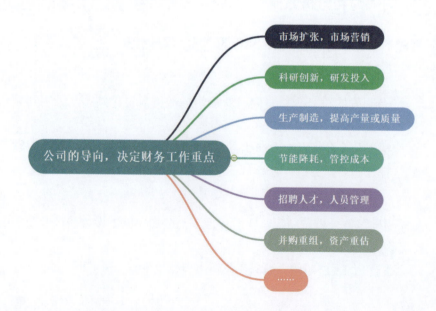

很多公司同一时期的重点工作可能不止一项，这就需要财务人员提前弄清楚。例如，小李想做一份财务分析报告，他所在的公司正处在成长期，公司现阶段的导向是节能降耗、管控成本，对应上面两张图，基本可以确定财务分析的大方向就是收入/成本/费用分析。

所以，财务人员不仅要深入了解公司业务，还要了解公司所处阶段及导向，设定好主题，围绕主题分析，不重要的事情一笔带过，重要的事情着重分析。这样才能使主题突出，让领导收到财务分析报告后，能看到其最关心的内容。

在介绍深入了解业务和确定主题的重要性的基础上，下面介绍常用的财务分析思路和原则。

11.2 掌握常用的财务分析思路和原则

Q 针对本节主题，初学者容易踩的"坑"是什么？

A
> 如果没有财务分析思路，主题明明已经确定好，就是分析不出重点问题，只好将主题内的所有指标都分析一遍。
> 结果：大方向是对的，但眉毛胡子一把抓，就是分析不出主要问题，就差临门一脚。

收到一个财务分析的任务后，没有清晰的分析思路怎么能行呢？常用的财务分析思路是怎样的？下面用一张图来理清整体思路。

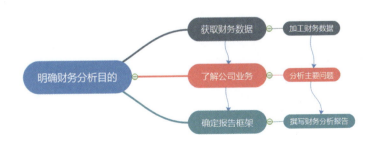

通过上面的思维导图，我们可以明白思路是这样的。

首先，通过与需求者沟通交流，确认财务分析目的。

其次，财务人员要获取财务数据、了解公司业务、确定报告框架。报告框架则决定了财务人员要采取哪一种行文模板。

最后，利用本书所学的 Excel 技能来加工财务数据，这也是没有问题的，难点在于如何分析主要问题。只要分析出主要问题，撰写财务分析报告就水到渠成了。

如何分析主要问题呢？下面再用一张图来理清思路。

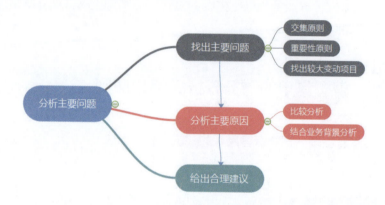

进行财务分析时主要遵循"找出主要问题—分析主要原因—给出合理建议"这一流程。这是因为财务分析的目的不只是反映问题，也要通过对问题的深入分析，提出合理可行的解决办法。

如何找出问题和差异呢？可采用交集原则和重要性原则。下面，我们以下页图中数据为例解释这两个原则。

何为交集原则？在做费用变动分析的时候，可以把费用变动超过 10 万元且变动率超过 10% 作为评价指标，如工资、差旅费、业务宣传费、展览费、社会保险费，将符合条件的筛选结果列为重点分析对象。

但交集原则仅仅是从数据角度进行筛选，并不一定能够揭示出全部费用异常的项目，因此还需要兼顾重要性原则。有些费用基数大的项目，变动率不足 10%，但额度超过 20 万元，如广告费、业务招待费，也应列为重点分析对象，这样就不会遗漏重要事项。

2019年销售费用专项分析

总账科目	项目	2018年	2019年	增长额	增长率
销售费用	广告费	4,300,000.00	4,580,000.00	280,000.00	7%
销售费用	工资	8,750,000.00	11,025,000.00	2,275,000.00	26%
销售费用	福利费	350,000.00	385,000.00	35,000.00	10%
销售费用	业务招待费	3,150,000.00	3,402,000.00	252,000.00	8%
销售费用	办公费	750,000.00	820,000.00	70,000.00	9%
销售费用	差旅费	3,530,000.00	4,306,500.00	776,500.00	22%
销售费用	业务宣传费	2,980,000.00	3,497,200.00	517,200.00	17%
销售费用	运输费	370,000.00	407,000.00	37,000.00	10%
销售费用	材料费	210,000.00	220,500.00	10,500.00	5%
销售费用	保险费	95,000.00	99,400.00	4,400.00	5%
销售费用	税金	170,000.00	178,500.00	8,500.00	5%
销售费用	展览费	1,360,000.00	1,659,200.00	299,200.00	22%
销售费用	社会保险费	1,150,000.00	1,328,000.00	178,000.00	15%
销售费用	职工教育经费	60,000.00	65,200.00	5,200.00	9%
销售费用	工会经费	20,000.00	22,000.00	2,000.00	10%
销售费用	低值易耗品摊销	2,800.00	2,884.00	84.00	3%
销售费用	折旧费	60,000.00	62,400.00	2,400.00	4%
销售费用	其他	21,000.00	22,050.00	1,050.00	5%
合计		27328800	32082834	4,754,034.00	17%

在分析时采用比较分析法（本年与上年同期比较），从增长额（绝对数）、增长率（相对数）两方面比较，以揭示异常变动，对异常变动进行分析，找出背后原因，并进一步给出合理建议。

还是以上图为例，如2019年工资项目比上年同期增长了227.5万元，增长了26%，原因是什么呢？分析和给出合理建议的过程就是在应用比较分析法。

11.3 站在领导角度分析问题，提出建议

Q 针对本节主题，初学者容易踩的"坑"是什么？

A

只是站在自己的角度看问题，而没有站在领导的角度看问题，缺少全局观，财务分析没有高度。

结果：领导没有看到最想知道的东西，财务分析报告却在重复谈论其已经知道的东西，财务分析做了无用功。

财务人员站在自己的角度看问题和站在领导的角度看问题，结果可能完全不一样，从下面这个代工工厂财务分析的案例中，我们就能看出其中的差异。

某代工工厂的主要业务是给欧洲几个知名品牌做代工。对做代工的企业来说，通常当月的利润表对企业领导来说意义不大。因为一个代工合同的执行周期较长，至少几个月，而代工业务又比较稳定，代工产品转化为利润的可能性极高。所以给领导看财务分析报告时，要假设完工产品当月全部销售，这样计算出的利润才是领导想要看的数据。

2020年1月初某品牌商下了一个大订单，工期为6个月。代工工厂1月初开始生产，2月初，总经理想看1月的利润分析。财务经理安排小陈去做，小陈很快从自己的角度提交了一份利润表，并简单地进行了分析。

站在自己角度进行分析的小陈：

	A	B	C	D	E	F	G
1	\multicolumn{7}{c}{2020年1月利润专项分析（单位：万元）}
2	科目	本年累计	年度预算	预算完成率	去年同期	增减额	同比增长
3	一、主营业务收入	-	6,000.00	0.00%	709.00	-709.00	-100.00%
4	二、主营业务成本	398.00	2,400.00	16.58%	354.00	44.00	12.43%
5	税金及附加	8.67	60.00	14.45%	7.67	1.00	13.04%
6	销售费用	78.00	600.00	13.00%	68.00	10.00	14.71%
7	管理费用	52.00	300.00	17.33%	48.00	4.00	8.33%
8	财务费用	1.20	6.00	20.00%	1.00	0.20	20.00%
9	公允价值变动损益		-				
10	投资收益		-				
11	三、营业利润	-537.87	2,634.00	-20.42%	230.33	-768.20	-333.52%
12	加：营业外收入						
13	减：营业外支出						
14	四、利润总额	-537.87	2,634.00	-20.42%	230.33	-768.20	-333.52%
15	减：所得税费用	-134.47	658.50	-20.42%	57.58	-192.05	-333.52%
16	五、净利润	-403.40	1,975.50	-20.42%	172.75	-576.45	-333.52%

公司2020年1月的主营业务收入为0，净利润为–403.4万元，与去年同期相比亏损严重。

原因分析：2020年1月公司的完工产品未出口。

建议：应将完工产品加紧出口，获得收入，改变亏损的现状。

但是财务经理和总经理看后，都认为这不能真实地体现业务情况。当月完工产品理应有收入，只是并未结算，因此没有体现在账面上。

财务经理指导了小陈，小陈根据实际业务情况，计算出当月完工产品实际应获得的收入，并重新做了财务分析报告。

站在领导角度进行分析的小陈：

	A	B	C	D	E	F	G
1	2020年1月利润专项分析（单位：万元）						
2	科目	本年累计	年度预算	预算完成率	去年同期	增减额	同比增长
3	一、主营业务收入	805.00	6,000.00	13.42%	709.00	96.00	13.54%
4	二、主营业务成本	398.00	2,400.00	16.58%	354.00	44.00	12.43%
5	税金及附加	8.67	60.00	14.45%	7.67	1.00	13.04%
6	销售费用	78.00	600.00	13.00%	68.00	10.00	14.71%
7	管理费用	52.00	300.00	17.33%	48.00	4.00	8.33%
8	财务费用	1.20	6.00	20.00%	1.00	0.20	20.00%
9	公允价值变动损益		-				
10	投资收益		-				
11	三、营业利润	267.13	2,634.00	10.14%	230.33	36.80	15.98%
12	加：营业外收入		-				
13	减：营业外支出		-				
14	四、利润总额	267.13	2,634.00	10.14%	230.33	36.80	15.98%
15	减：所得税费用	66.78	658.50	10.14%	57.58	9.20	15.98%
16	五、净利润	200.35	1,975.50	10.14%	172.75	27.60	15.98%

公司 2020 年 1 月的主营业务收入为 805 万元，净利润为 200.35 万元，与去年同期相比增长 15.98%。

原因分析：公司业务在稳定增长。

建议：继续严抓产品质量和工期，获得客户信任，后期会有更好的发展。

同一个月的财务数据，从不同的视角写出的财务分析报告，结果可能是完全不同的！

从上面的案例可以看出，在做财务分析时，如果只是站在财务人员的角度，所制作的财务分析报告往往不能满足领导的需要。财务人员只有跳出自己的视野，站在领导的角度思考问题，把整个企业的财务核算和经营发展都放在心上，才能写出助力企业发展的财务分析报告。

既然要换位思考，那你知道领导最在乎什么吗？当然是关乎企业发展的重要问题。

除了当面与领导沟通其是否有个性化的需求，财务人员也可以提前了解一些共性问题，这样再与领导沟通的时候就可以做到心中有数，那些领导未关注到的重要问题，也可以加以提醒。共性问题如下图所示。

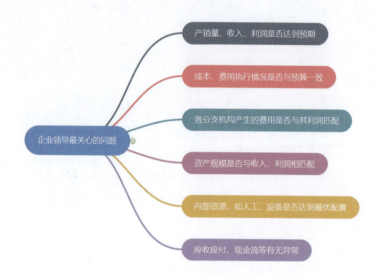

此外，站在领导的角度来看，财务人员还要让领导看懂自己写的财务分析报告。

财务分析讲究"深入浅出"，11.1节只讲了"深入"，那"浅出"呢？"浅出"指的是让不懂财务的人也能看懂分析和结论。因为一般情况下，领导都是非财务专业出身的，给领导看的财务分析报告需要简单明了、通俗易懂，不要堆砌财务专业术语，而要将其替换成日常书面用语，不需罗列大量的数据和报表，只需直观地呈现有价值的简表和结论。

11.4 美化财务分析报告，提升展示效果

美化财务分析报告就如同人的穿着打扮，不打扮不好看，打扮过度则会给人带来不适感，而适当的打扮能凸显人的气质，给别人留下好的印象。

第 11 章 财务分析的思路和方法 231

请看下图所示的财务分析看板的美化效果。

简约美是财务分析报告的美化追求。

第 12 章

财务分析中的经典图表

- 如何选择合适的图表？
- 如何制作和修改图表？

第 12 章 财务分析中的经典图表

提到"财务分析",你会想到什么呢?缜密的逻辑和酣畅淋漓的文字?试想,一份报告如果满是表格和文字,领导能看得下去吗?要让表格的数字"活起来",让数据分析报告可视化,结合图表展示重点内容。

12.1 如何选择合适的图表

图表有"一图抵万言"的美誉。Excel 提供了 17 种不同的图表模板,其中每个大类中还提供了众多小类。

柱形图:通常用来比较项目间数据的相对大小情况,例如业务员指标与完成情况对比。

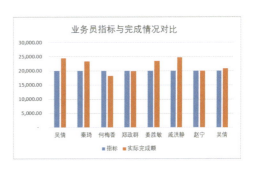

条形图:可以看成是旋转 90° 后的柱形图。当分类名称较长时,用条形图会更好。而且,诸如产品销量之类的数据分析,条形图能更好地展示数据大小对比情况。

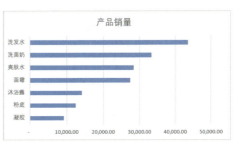

饼图:主要用途是展示重点关注的前几大项目或者显示所有项目的构成占比。例如各产品销量在销售总量中的占比情况。

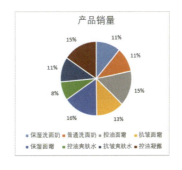

折线图：用来显示数据在一段时间内的变化趋势，一般来说横坐标是时间序列。它重点强调的是时间和变动率，显示不同数据的变化趋势。

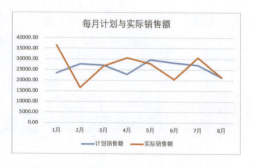

X、Y散点图：与折线图类似，X、Y散点图也是用来展示项目间的变化趋势的。X、Y散点图常用于试验数据的拟合和预测，例如预测未来销量情况等。

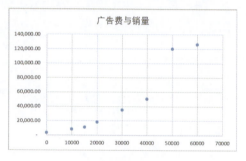

雷达图：展示的是多个要素围绕中心点变动以及要素之间关联情况的对比结果。

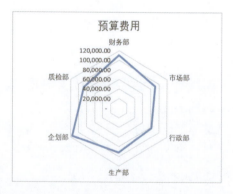

树状图：展示数据的分层视图，树分支表示为矩形，每个子分支表示为更小的矩形。其适合用于比较层次结构内的比例，可以轻松显示大量数据。

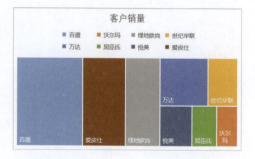

旭日图：相当于高级的饼图。每一个圆环代表同一级的比例数据，离原点越近，级别越高。其可以表达清晰的层次和归属关系，适合用于展示细分市场的数据。

直方图：展示数据在不同区间的分布情况。它由一系列宽度相等、高度不等的长方形组成。诸如员工绩效之类的数据做成直方图，会更有实际对比意义。

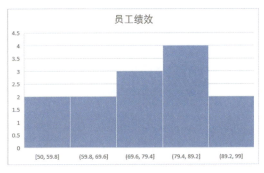

瀑布图：不仅能反映数据在不同时期或受不同因素影响的程度及结果，还可以直观地反映出数据的增减变化，常用于财务分析和销售分析。

漏斗图：专属的流程图，能直观对比各业务环节的数据。其适用于业务程序比较规范、周期长、环节多的流程分析，例如分析一种产品的销售流程与预算费用。

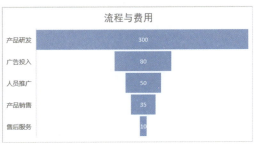

以上只是财务工作中常用的一些 Excel 图表，图表的展现形式还有很多种。

12.2 图表的创建和编辑

要想做一份美观的财务分析报告，仅仅学会插入图表还不够，图表的布局和美化也是图表制作的重要部分。下面分别进行介绍。

12.2.1 制作图表

现在已有一张销售汇总表，要求插入合适的图表。以插入常用的柱形图为例进行讲解，具体步骤如下。

01» 打开原始文件。❶选中表格区域内的任意一个单元格，❷切换到【插入】选项卡，❸单击【图表】组中的【推荐的图表】按钮。

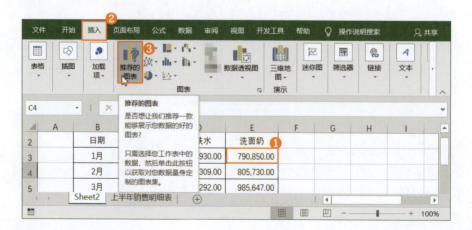

第 12 章 财务分析中的经典图表 237

02» 弹出【插入图表】对话框，❶切换到【所有图表】选项卡，❷选择【柱形图】选项，❸选择【簇状柱形图】选项，❹单击【确定】按钮。

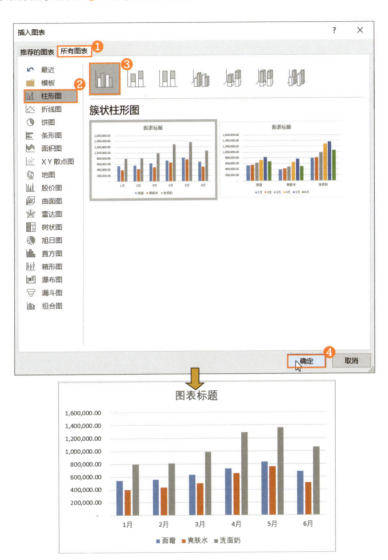

> **提示**
> 选中任一单元格后插入图表，默认以区域内的所有数据为基础插入图表；只选取其中的某些区域后插入图表，得到的就是以选定区域数据为基础的图表。该案例中，需要对比多个项目，用柱形图或条形图更为直观。

12.2.2 图表的布局和美化

图表元素的构成

要想做一份美观的图表，首先得知道图表是由哪些部分组成的，图表的主要构成元素如下图所示。

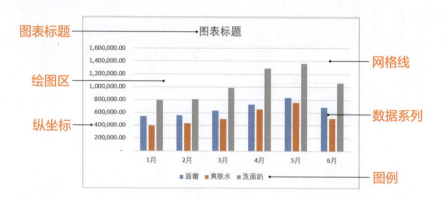

所谓的图表布局和美化，归根结底就是对图表元素的再造和修改。

图表元素的添加和删除

前面展示的图表元素为默认显示的元素，并非全部的图表元素，我们可以根据自己的需求添加或删除任一元素。选中图表，图表右侧会出现三个不同按钮，它们的作用如下图所示。

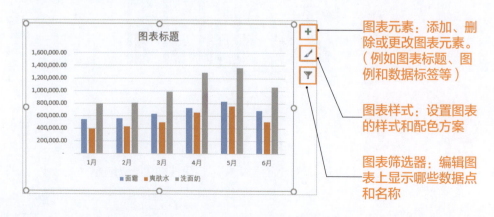

只要单击【图表元素】按钮，在弹出的下拉列表和级联菜单中选择相应的选项，图表元素就会自动添加。针对已有的元素，取消勾选相应的复选框就能删除表里的该元素。除此之外，选中元素，按【Delete】键也可删除该元素。

了解图表元素是学习图表的基础，结合后面的具体操作，你才会有不一样的看法和感悟。下面介绍如何一键美化图表。

一键美化图表

跟前面诸多美化操作一样，图表也提供了快速修改样式的功能，在图表的【设计】选项卡里可以一键美化图表样式，如下图所示。

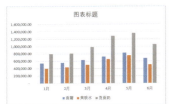  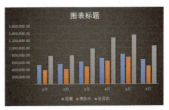

更改图表类型

图表做好后，如果不想要这种类型的图表，难道要删了重做吗？不需要，只需更改图表类型。

更改图表类型有两种情况。第一种情况是更改整个图表类型。方法是选中整个图表，单击鼠标右键，在弹出的快捷菜单中选择【更改图表类型】选项。

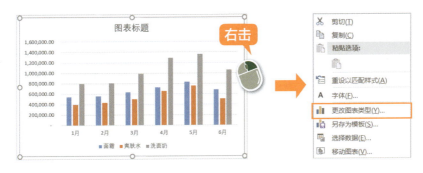

其实所谓的更改图表类型，无非就是回到 12.2.1 小节的步骤 02，在【所有图表】选项卡下重新选择图表类型。下图是图表由柱形图改成折线图的结果。

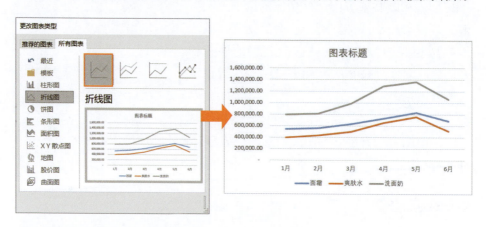

第二种情况是只更改某个数据系列的图表类型。例如，财务分析中经常会把某一系列的数据作为基础，对比其他数据，这时候把基础数据系列的图表类型单独修改成别的会更容易对比。

操作方法：选中图表中某个颜色的数据系列，单击鼠标右键，在弹出的快捷菜单中选择【更改系列图表类型】选项。

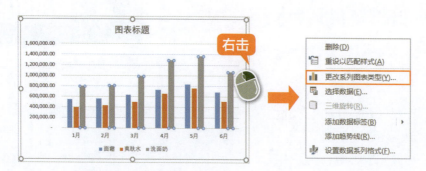

这样，在【所有图表】选项卡下，会自动切换到【组合图】选项，只需在其中修改想要修改的数据系列的图表类型。例如，把"面霜"系列的图表类型修改为【折线图】。

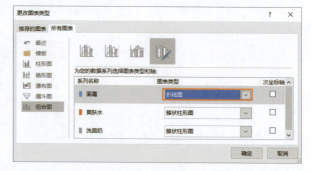

相比较更换图表类型，单独修改数据系列的图表类型的操作更为普遍，如右侧效果图所示。请大家结合 12.3 节的案例操作进行学习。

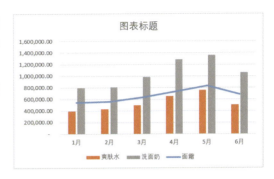

图表数据系列的删除和添加

图表中的数据系列就是一个个图形，这些图形来源于表格。这些数据系列可以自由删除和添加。

删除数据系列的方法很简单，既可以删除表格里的数据，也可以直接选中图表里的数据，按【Delete】键进行删除。

添加数据系列的方法：首先做出相应的数据表并选中数据，然后按【Ctrl】+【C】组合键复制数据，再按【Ctrl】+【V】组合键将其粘贴到图表里。

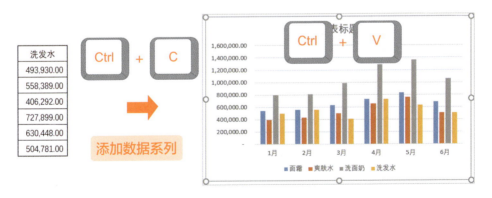

刚才介绍的方法是直接修改数据系列，还可以通过更改图表链接的数据源来修改。选中图表，单击鼠标右键，在弹出的快捷菜单中选择【选择数据】选项，弹出【选择数据源】对话框，在其中更改图表链接的数据源。

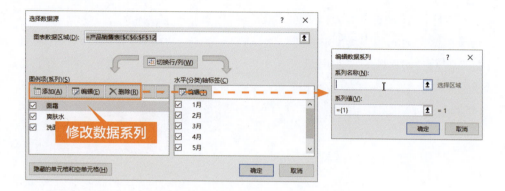

图表元素的格式化编辑

学完图表元素的布局,下面学习对图表元素进行格式化编辑。

如何进行格式化编辑呢?选中某个元素,单击鼠标右键,在弹出的快捷菜单中选择【设置数据系列格式】选项,右侧即可弹出【设置数据系列格式】任务窗格。以下以数据系列为例,介绍格式化编辑的相关操作。

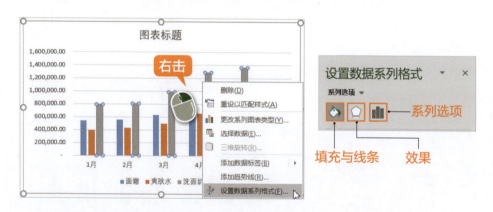

格式化编辑的主要内容如下。

①设置数据系列的坐标轴位置,即确定数据系列是绘制在主坐标轴还是次坐标轴上。在很多图表中,需要根据具体情况把数据系列分开绘制在不同的坐标轴上。例如,绘制销售类图表时会把销量和销售额都显示出来,但是由于销售额远大于销量,导致几乎看不到销量。另外,两者的单位也是不一样的,所以需要将其中一个数据系列设在次坐标轴上,如下页图所示。

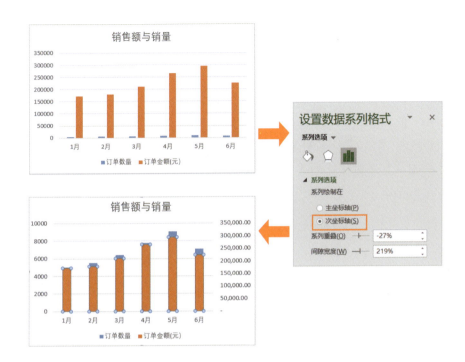

这样设置后，两个柱形图重叠排列了。

之后，通过两种方法进一步优化：一种是更换数据系列的图表类型，把"销售额"数据系列的图表类型换成折线图；另一种是优化重叠效果，做成温度计柱形图。这里不再展示具体步骤，12.3 节会具体展示这两种图表的制作过程。

▲ 柱形折线图

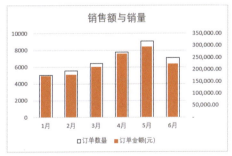

▲ 温度计柱形图

②设置数据系列的重叠比例和间隙宽度。重叠比例用于控制柱形图簇内数据点的重叠。比例越大，数据标记簇之间的重叠越多；间隙宽度用于控制柱形图簇之间的间距，间距的值越大，数据标记簇之间的间距越大，相应的柱形图簇就越细。

例如，上一页优化后的柱形图的间隙宽度为 100%。

③设置数据系列的填充颜色和边框颜色。柱形图簇其实由两部分组成——实体柱和边框。当实体柱和边框都是一个颜色时，看起来就像一个不能分割的整体，其实二者可以单独设置格式。

④【设置数据系列格式】任务窗格里还有一项"效果"功能，可利用它为图表添加多种特效。

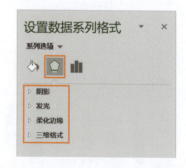

图表归根结底是要向别人传达信息的，过度美化会影响主体信息的表达。因此，做图表时要尽量避开容易喧宾夺主的华丽效果。

第 12 章 财务分析中的经典图表　245

12.3　经典图表的制作

图表是表格的视觉效果展示，仅仅会基础操作是不够的。对图表来说，有趣的"灵魂"大同小异，但好看的"外表"多种多样。

12.3.1　温度计柱形图

由前面的知识点可知，要对数据进行对比最好用柱形图或条形图。例如，要对比实际销售额与计划销售额，很多人会直接插入一个柱形图。

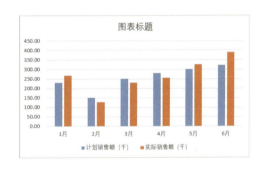

虽说柱形图很普通，但是在专业人士的手中，它可以变得很美观，如右图所示。

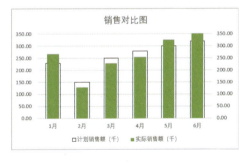

基于同样的数据，做出来的也同样是柱形图，但上下图对比感觉完全不一样。其实下图这种变化只需几步即可实现，具体步骤如下。

配套资源

第 12 章 \ 月度销售达成情况表—原始文件

第 12 章 \ 月度销售达成情况表—最终效果

请观看视频

01» 打开原始文件，❶选中蓝色系列柱形图，单击鼠标右键，❷在弹出的快捷菜单中选择【设置数据系列格式】选项。

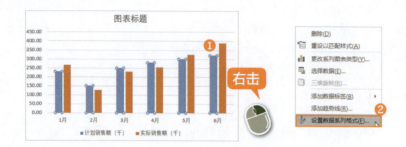

02» 在弹出的【设置数据系列格式】任务窗格中，❶切换到【系列选项】选项卡，❷将【间隙宽度】数据修改为【100%】；❸切换到【填充与线条】选项卡，❹在【填充】组中选中【无填充】单选钮，❺在【边框】组中选中【实线】单选钮，❻在【颜色】选项中选择【黑色】。

  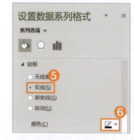

03» 设置橙色系列柱形图的格式。打开【设置数据系列格式】任务窗格，❶切换到【系列选项】选项卡，❷选中【次坐标轴】单选钮，❸将【系列重叠】数据修改为【100%】，❹将【间隙宽度】数据修改为【150%】。❺切换到【填充与线条】选项卡，❻在【填充】组中选中【纯色填充】单选钮，❼在【颜色】选项中选择【绿色】。

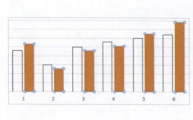 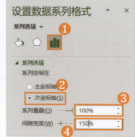 

04» 上述操作得到的柱形图的数据与真实数据不符,原因是主次坐标轴数据标尺不一样,所以还需要调整坐标轴的格式。❶选中右侧的坐标轴,弹出【设置坐标轴格式】任务窗格,❷切换到【坐标轴选项】选项卡,❸将【边界】选项中【最大值】数据修改为【350.0】。至此,所有格式修改完毕。

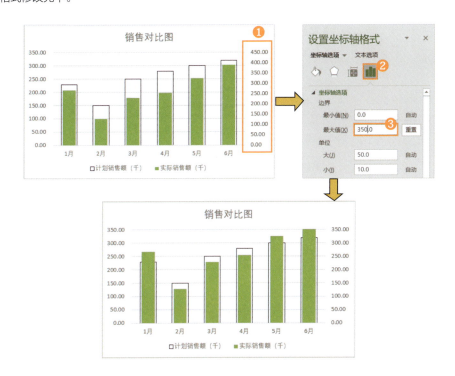

12.3.2 柱形—折线图

柱形图除了单独使用外,和折线图组合也是商务图表中常见的搭配,效果如右图所示。

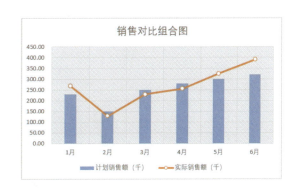

这样的对比效果也很不错，做图时其实只要把其中一个系列的柱形图修改为折线图，再设置绘图区和折线图的格式，就大功告成了。简要步骤如下。

01» 打开原始文件，❶选中图表，单击鼠标右键，❷在弹出的快捷菜单中选择【更改图表类型】选项，如下图所示。

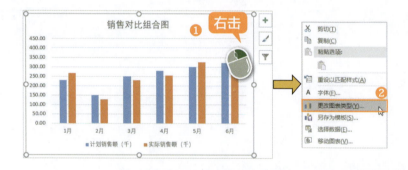

02» 弹出【更改图表类型】对话框，❶切换到【所有图表】选项卡，❷选择【组合图】选项，❸将【实际销售额（千）】系列的图表类型设置为【折线图】，❹单击【确定】按钮。

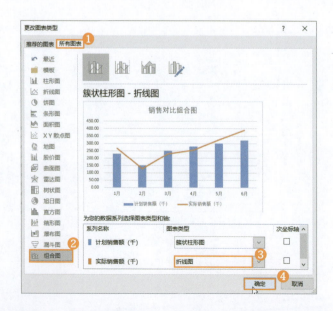

第 12 章 财务分析中的经典图表 249

03» 选中图表，❶单击右侧的【图表元素】按钮，❷在弹出的列表框中勾选【网格线】复选框，❸在弹出的级联菜单中勾选【主轴主要垂直网格线】复选框，如右图所示。

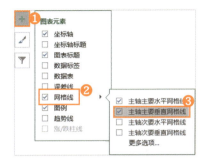

04» ❶选中图表绘图区，单击鼠标右键，❷在弹出的快捷菜单中选择【设置绘图区格式】选项，如下图所示。

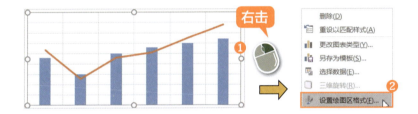

05» 弹出【设置绘图区格式】任务窗格，❶切换到【填充与线条】选项卡，❷在【填充】组中选中【图案填充】单选钮，❸在新出现的【图案】选项卡中选择【对角线：浅色下对角】选项，❹将【前景】颜色设置为【白色，背景 1】，❺将【背景】颜色设置为【浅灰色，背景 2】，如下图所示。

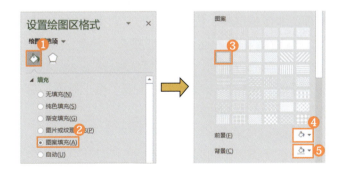

06» 用类似的功能美化折线图。选中折线图，单击鼠标右键，❶在弹出的快捷菜单中选择【设置数据系列格式】选项，弹出【设置数据系列格式】任务窗格，❷切换到【填充与线条】选项卡，❸选择【标记】选项，❹在【标记选项】组中选中【内置】单选钮，❺将【类型】修改为【●】，【大小】修改为【6】，❻在【填充】组中选中【纯色填充】单选钮，❼将【颜色】修改为【白色，背景 1】。至此，所有格式修改完毕。

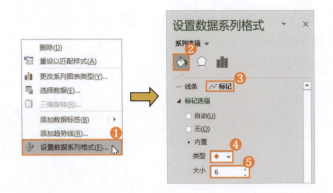

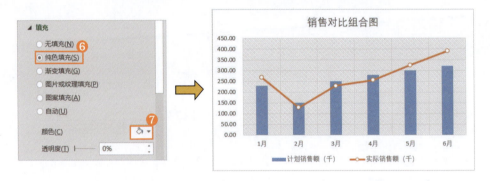

12.3.3 动态透视图

对销售数据进行分析时，一般都会将汇总数据呈现在图表中，这样做出来的图简洁大方。即便是这样，需要分析的要素仍然很多。例如，想要展示每位员工每月的产品销售情况对比，但员工很多，该怎么清晰地展示呢？

涉及多层次、多需求分析时，推荐使用数据透视表。在数据透视表的基础上插入数据透视图，再辅以切片器，一张带"员工姓名"筛选器的动态透视图就能满足需求。具体步骤如下。

第 12 章 财务分析中的经典图表　251

01» 打开原始文件，按照第 10 章所讲的知识点做出一个日期和产品销售额的数据透视表，并且将自带的"总计"字段去除。❶选中数据区域中的任意一个单元格，❷切换到【分析】选项卡，单击【工具】组中的【数据透视图】按钮。

02» 修改新插入的数据透视图。❶选中左上角的灰色字段按钮，单击鼠标右键，❷在弹出的快捷菜单中选择【隐藏图表上的所有字段按钮】选项；❸取消勾选【图表元素】中的【网格线】复选框，并设置【图例】的位置为【底部】。

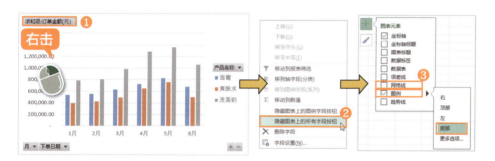

03» 插入切片器。选中数据透视表中的数据，❶切换到【分析】选项卡，单击【筛选】组中的【插入切片器】按钮，❷在弹出的【插入切片器】对话框中勾选【员工姓名】复选框，❸单击【确定】按钮，插入切片器。

04» 去掉切片器页眉，调整其大小并放到数据透视图中。这样，单击切片器中的员工姓名就可以筛选数据了。

因为明细表数据量大，分析需求多，所以财务图表经常需要用到数据透视表，顺便生成数据透视图，不仅省时省力，查看也十分方便。一般图表的美化方法同样适用于数据透视图，在财务分析报告中，该操作的实用性非常强。

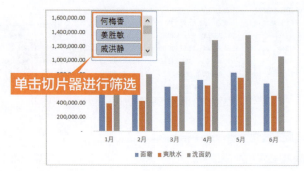

12.3.4 百分比圆环图

除了柱形图和折线图，饼图也是常见的图表，尤其要展示财务分析中的比率数据（例如某项目的预算完成率、销售占比等）时，饼图更为适用。

如果想显示多个项目的占比对比情况，用一张饼图或者圆环图显示就可以了；但是如果项目少，并且想要重点突出百分比，对圆环图适当变形就很有必要。

一般人看到百分比数都会直接插入饼图，但是这样的图出现在财务分析报告中，实在是毫无特色。下图对应的就是某财务分析报告中的项目预算完成率图表。

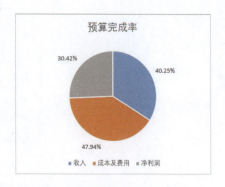

事实上，专业人士常采用百分比圆环图。

第 12 章 财务分析中的经典图表　253

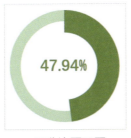
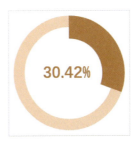

▲ 百分比圆环图

其实这样的图做起来也并不复杂，将两个圆环图叠加，再修改数据即可，具体步骤如下。

01» 打开原始文件，添加一个辅助列，在 D3 单元格中输入公式"=1-C3"，将公式向下填充。

02» ❶ 选中 C3:D3 单元格区域，切换到【插入】选项卡，❷ 单击【图表】组中的【插入饼图或圆环图】按钮→❸【圆环图】。

03» 在新插入的圆环图中，将"图表标题"和"图例"删除，复制圆环图，在同一个位置粘贴，形成两个圆环图。

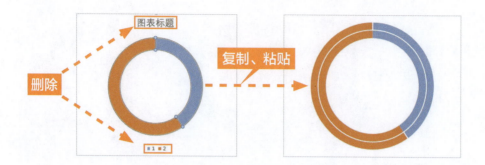

04» ❶选中外环数据系列，❷切换到【格式】选项卡，❸单击【形状样式】组中的【形状轮廓】按钮，❹在弹出的下拉列表中选择【无轮廓】选项。

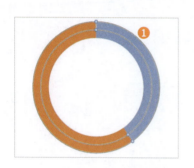
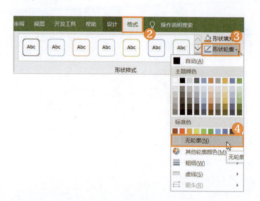

05» 设置内环。❶选中内环数据系列，打开【设置数据系列格式】任务窗格，❷在【系列选项】选项卡中，将【圆环图圆环大小】调整为【80%】，❸在【填充与线条】选项卡中，选中【填充】组中的【纯色填充】单选钮，❹将【颜色】设置为【蓝色，个性色1，淡色60%】。

06» 设置外环。❶选中橙色半圆环数据系列，打开【设置数据点格式】任务窗格，切换到【填充与线条】选项卡，选中【无填充】单选钮；❷选中蓝色半圆环数据系列，选中【纯色填充】单选钮，【颜色】设置为【蓝色，个性色 1，深色 25%】，如下图所示。

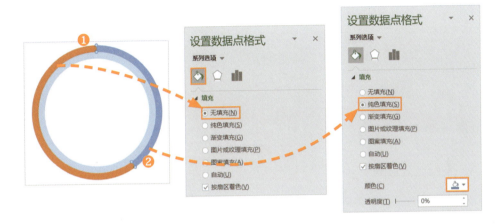

07» 选中图表数据，❶单击鼠标右键，在弹出的快捷菜单中选择【更改系列图表类型】选项，❷在弹出的对话框中勾选【系列 1】对应的【次坐标轴】复选框。

08» 选中重叠后的圆环数据，在【设置数据系列格式】任务窗格中，将深色圆环的【圆环图圆环大小】修改为【60%】，如右图所示。

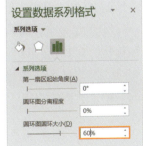

09» 插入文本框，设置百分比数字格式。插入横排文本框，在编辑栏中输入公式"=$C$3"，按【Enter】键。❷在右侧弹出的【设置形状格式】任务窗格中，切换到【填充与线条】选项卡，在【线条】组中选中【无线条】单选按钮。❸设置字符格式，将字体颜色设置为【蓝色，个性色1，深色25%】，将字号设置为【24】，单击【加粗】按钮。至此完成所有设置。

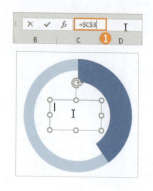

最终效果如右图所示，图形不是很复杂，但层次化的显示方式让人赏心悦目。

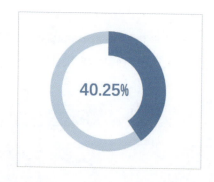

插入图表要遵循一定的原则，具体如下。

①图与表要匹配。图是在表的基础上制作出来的，表的特性决定了图的类型；同时，对表的需求也会影响图的制作。例如，如果想要的是销量占比对比图，那么饼图要比华丽的仪表盘图合适得多。

②适度美化。商务风格的图表美化以简约为原则，对重点的数据要突出和美化，对其余部分要果断弱化。

③突出数据。图终究是为了展示数据，如果美化的重点放在了别的地方而忽略了数据的突出，那么就不能做出理想的图表。

第 13 章

财务分析看板的制作

- 经典的财务分析看板是怎样的？
- 如何制作财务分析看板？

13.1 财务分析看板的样式和结构

通过第 12 章的学习,我们知道若 Excel 技术较好,便可以做出实用又美观的财务分析看板。

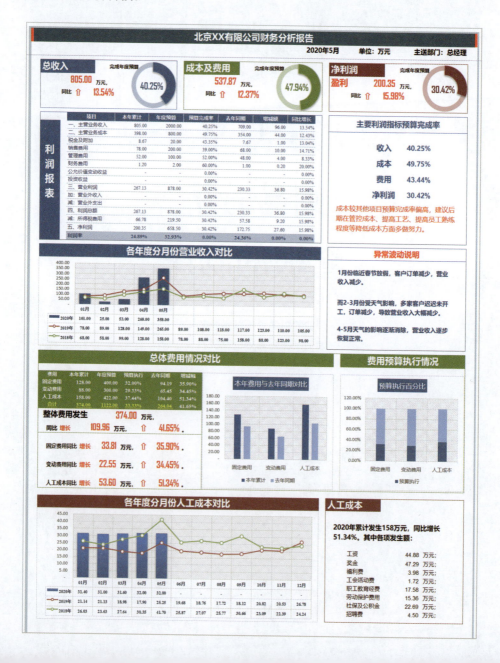

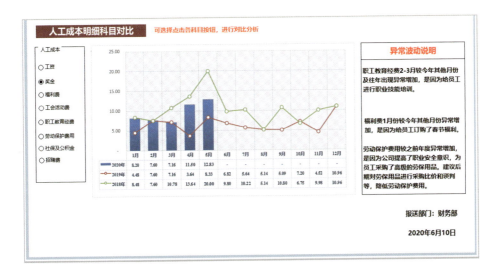

13.1.1 财务分析看板的结构

财务分析报告的种类和标题

财务分析看板是财务分析报告的一种重要展现形式。

财务分析报告按其内容、范围不同，可分为综合分析报告、专题分析报告、简要分析报告。其中综合分析报告对财务分析人员的能力要求更全面。财务分析报告的种类和标题具有强对应关系。一般情况下，标题分两种，即公文式标题和论文式标题。二者的对应关系如下图所示。

公文式标题一般用于综合分析报告和简要分析报告，其包含3个要素，即企业单位名称、报告期限（年度）和文种（财务分析报告）。前面展示的"北京××有限公司财务分析报告"就属于综合分析报告，内容较全面。有时财务分析报告可以根据需要省略部分内容，如"上半年费用简要分析报告"，相应地，内容也会比较简要。

论文式标题一般用于专题分析报告，如"2019年销售费用专项分析"就是专题分析报告。论文式标题的表现形式比较自由，如"降低产品成本的前景分析""如何应对国际油价下跌""外贸行业应何去何从"等。

财务分析看板的格式

财务分析看板的格式要参照财务分析报告的格式要求。

财务分析报告一般由5部分组成：标题、主送单位、正文、附件、签署。

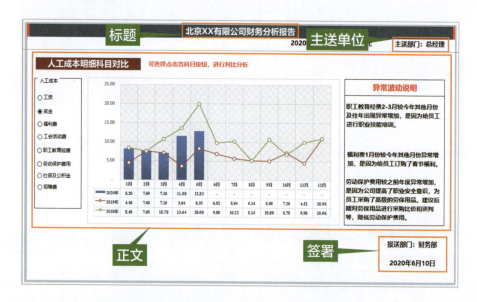

主送单位：财务分析报告有的有主送单位，即呈送单位。

正文：一般包括呈现数据、分析数据、给出意见或建议3个方面。

附件：有些重要的具体资料（如数据、图表、原始凭证等），由于篇幅所限，不宜放在正文，可以作为附件附在文后。附件可以有，也可以没有。

签署：在财务分析报告正文的右下方，写明报告单位名称或者作者姓名，并写明成文时间。

13.1.2 财务分析看板的简洁美

做财务分析看板的初衷是使财务分析报告的内容易于阅读。通过学习第11章的内容，我们知道了财务分析报告应简洁美观、重点突出。

在这一大原则的要求下，财务分析看板的版面应以简洁大方为主，图表类型的选择应该以有利于展示内容为依据。另外，图表的主要配色最好不超过 5 种，而且所有图表的配色应尽量统一，这样给人的感觉是前后文一致、和谐舒适。

财务分析看板要美得有内涵！它的美是用来烘托内容的，切记不要喧宾夺主！

财务分析看板所用字体也要尽量统一，建议使用常见的字体，如微软雅黑、等线、宋体等。对需要领导重点关注的事项，可以适当加粗、加大文字或用特殊颜色标注。

以上就是行文格式方面的要求，下面讲解具体的制作方法。

13.2 经典财务分析看板的制作方法

学习了这么多知识，最终要用知识来指导实践——制作财务分析看板。其实，财务分析看板制作的方法就是将第 11 章、第 12 章介绍的内容结合起来，再运用一些数据处理技巧，进行加工整合。

下面以 13.1 节中的"北京 ×× 有限公司财务分析报告"看板为例，逐步来讲解具体的制作方法。这个看板是一个综合性的企业年度财务分析看板，在财务分析方面具有很强的代表性，学会了这个看板的制作方法，以后再做其他类型的看板就可以触类旁通。

13.2.1 财务分析看板的结构和主要思路

🖱 本财务分析看板的结构

本财务分析看板采用的是财务分析中常见的总分结构，由整体到部分，由分析利润表到依次分析收入、费用，再到分析人工成本、人工成本明细科目。

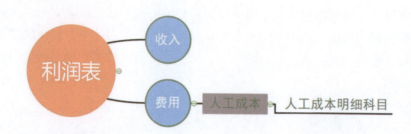

本财务分析看板的制作思路

本财务分析看板的**制作思路**：发现问题，分析问题。为何该公司要在人工费用上进行深挖呢？因为其灵活运用了两个原则，即第 11 章中讲过的交集原则、重要性原则。发现了问题，就找到了分析重点。

而后其运用一个分析法，就是第 11 章中讲过的比较分析法，分析问题。

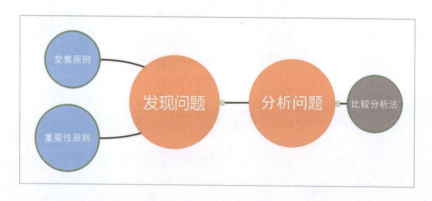

交集原则和重要性原则的设定要符合本单位实际情况，设定的目标是能筛选出异常变动项。

以 3 项主要费用"固定费用""变动费用""人工成本"为例，根据交集原则将同比增长率超过 35%，且增长额超过 40 万元作为评价指标；根据重要性原则将同比增长率不超过 35%，但增长额超过 40 万元作为评价指标。

然后，运用交集原则，筛选出满足条件的"人工成本"；再运用重要性原则分析，没有筛选出其他项。所以，最终选定"人工成本"作为下一步要分析的目标。

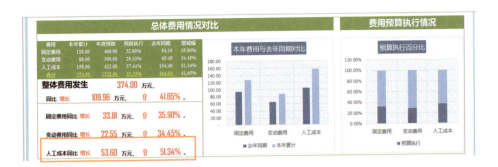

运用比较分析法,得到人工成本"2020年累计发生158万元,同比增长51.34%"。然后可以根据需求,列示人工成本主要组成部分,如"工资""奖金""福利费"等。

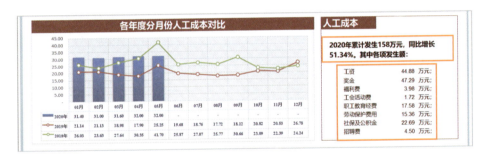

在每个分析环节,都需要重复运用"两个原则"(交集原则和重要性原则)、"一个方法"(比较分析法),将其贯穿到整个财务分析看板的制作过程中,这样制作的看板才能做到重点突出,有理有据。

本财务分析看板的原因分析、意见或建议

关于如何写原因分析、意见或建议,第11章详细地讲过,你想起来了吗?

要在深入了解公司业务的基础上,结合业务背景来写原因分析。脱离了业务背景的原因分析,很难正确归因。

同时,要站在领导的角度或企业发展的高度写意见或建议,这样写出的意见或建议才能有效地支撑企业发展。

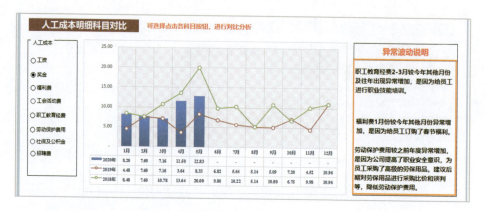

我们会发现在人工成本明细科目的对比中,关于职工教育经费及福利费,就只有原因分析,没有意见或建议;而关于劳动保护费用,在分析原因后,又有意见或建议。

这是因为在进行原因分析后,并不是必然会有意见或建议。这个要根据实际需求,灵活运用。

理清了财务分析看板的结构和制作思路,下面展示具体的操作步骤。

经过这样的解析,我就有思路了!
不错,不错!

13.2.2 正文各区域的制作

配套资源
第 13 章 \ 财务分析看板—原始文件
第 13 章 \ 财务分析看板—最终效果
请观看视频

第一部分:"表头"区域的制作

"表头"区域见下图,它由三个矩形组成,只要学会第一个矩形的制作方法,后面两个矩形的制作自然就会了。

第 13 章 财务分析看板的制作　265

关于第一个矩形，主要是制作百分比圆环图（第 12 章已经讲过，此处不再重复）和带箭头的动态百分比的制作。

带箭头的动态百分比的制作非常简单，只需设置单元格格式。具体步骤如下。

01» 打开原始文件，设置单元格格式。❶将鼠标指针放在"13.54%"所在单元格上，单击鼠标右键，❷在弹出的快捷菜单中选择【设置单元格格式】选项。

02» 在弹出的【设置单元格格式】对话框中，依次对【数字】和【字体】选项卡下的相关参数进行设置，设置完成后单击【确定】按钮，即可得到最终效果。

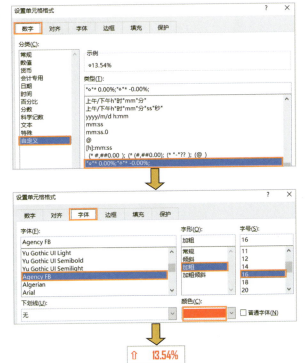

第二部分："利润报表"区域的制作

关于"利润报表"区域的制作，其主要数据是从"辅助"工作表中，以公式"=*"引用过来的，再加上必要的文字分析，这里不再展开讲解。

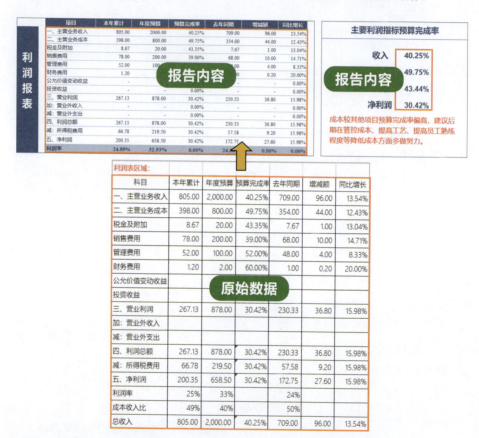

第三部分："各年度分月份营业收入对比"区域的制作

此图表数据同样来自"辅助"工作表，图表制作方法在第六部分会具体展示，这里不再展开讲述。制作完成后在右侧加上必要的文字分析。

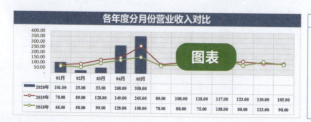

第四部分:"总体费用情况对比"区域的制作

关于"总体费用情况对比"区域的制作,其主要数据都来源于"辅助"工作表中,可以分解为两个主要小任务:中间图表区域的制作(簇状柱形图,前文已讲过,不再重复讲解),右侧图表区域的制作(是一个百分比堆积柱形图,下文会进行简单讲解)。

01» 为了制作百分比堆积柱形图,需在"预算执行"列后添加"辅助"列,"辅助"列用的公式是"=1-Z47"。

02» 选中"类别""预算执行""辅助"这 3 列,插入百分比堆积柱形图。

03» 修改图表标题、图例、颜色、图标样式等(第 12 章已讲过,不再重复介绍),即可得到最终效果。然后将其复制到财务分析看板中,调整大小,使其适合版面。

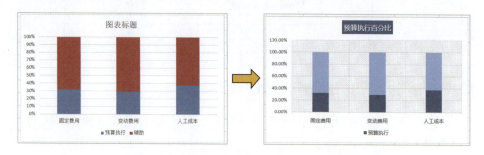

🖱 第五部分:"各年度分月份人工成本对比"区域的制作

　　本图表的数据同样来自"辅助"工作表中,制作方法第六部分也会具体展示,这里不再展开讲述。制作完成后在右侧加上必要的文字说明。

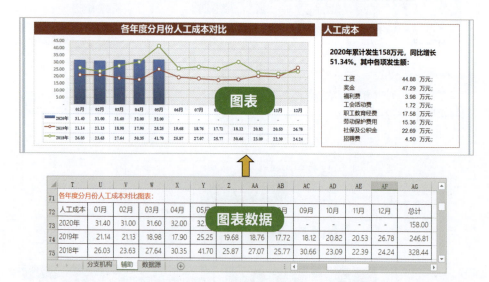

🖱 第六部分:"人工成本明细科目对比"区域的制作

　　"人工成本明细科目对比"区域,是由表单控件控制的动态图表,制作完成后在右侧加上必要的文字分析说明。

第 13 章 财务分析看板的制作

当需要展示和分析的数据维度或角度较多时,静态图表便不能满足要求,需要使用动态图表。说起动态图表,很多人觉得其非常高级,其实它没有那么神秘,无非就是根据指令显示出要求显示的结果。

为何在这里选择使用表单控件来控制图表,而不选择使用切片器呢?这是由于切片器的使用有限制,只能在数据透视表的基础上使用;而表单控件与函数公式相结合,在动态图表这一领域的使用更灵活、范围更广。

下图所示的动态图表的数据,来源于"数据源"工作表。

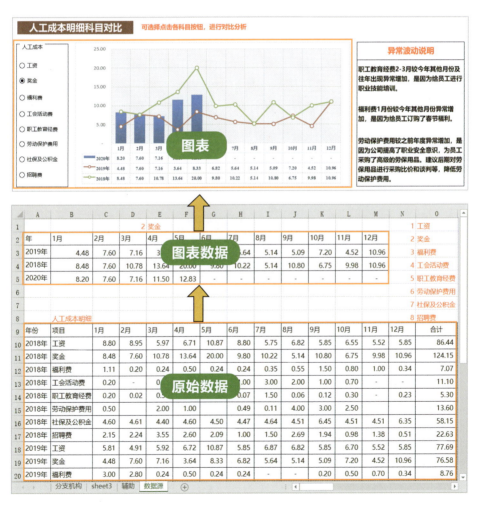

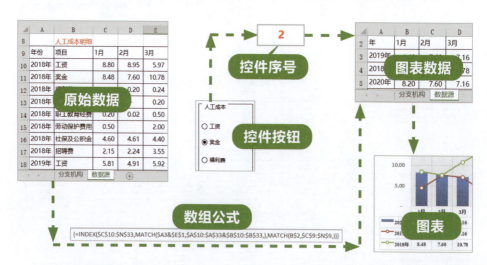

想做动态图表，首先要明白动态图表的工作原理：图表都是由数据演变出来的，数据不变，图表不变；数据变，图表就变。所以只要将数据设置成动态的，图表自然就是动态的。如何使数据变成动态数据呢？可以用表单控件和函数公式相结合的方法。

而表单控件控制动态图表的原理是什么？我们通过下图就可以明白。

按照表单控件的顺序，系统定义了表单控件的序号依次是1、2、3（在表单控件控制的单元格里显示）。例如，当按【工资】按钮时，单元格显示1；当按【奖金】按钮时，单元格显示2；当按【福利费】按钮时，单元格显示3……

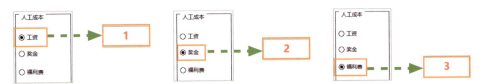

这些序号会动态控制图表数据的变动。当序号显示 1 时，图表会显示 1 所控制的数据（本例中是与工资相关的）；当序号显示 2 时，图表会显示 2 所控制的数据（本例中是与奖金相关的）；当序号显示 3 时，图表会显示 3 所控制的数据（本例中是与福利费相关的）……进而控制图表的变动。

制作表单控件，需要用到【开发工具】选项卡的功能，在默认情况下，Excel 的功能区中并不显示此选项卡，因此需要把它显示出来。

显示方法：在功能区的任意位置单击鼠标右键，❶在弹出的快捷菜单中选择【自定义功能区】选项；在弹出的对话框中，❷单击右侧【自定义功能区】下拉按钮，在弹出的下拉列表中选择【主选项卡】选项，❸在【主选项卡】列表框中勾选【开发工具】复选框，❹单击【确定】按钮。操作完成后【开发工具】选项卡即可以显示在功能区中。

了解了表单控件的工作原理和如何显示【开发工具】选项卡，下面就来展示动态图表是如何逐步制作的。看完这些步骤，还没完全明白表单控件工作原理的小伙伴会恍然大悟的。

01» 插入表单控件并调整好位置。❶切换到【开发工具】选项卡，在【控件】组中❷单击【插入】按钮，❸在弹出的下拉列表中选择【选项按钮】样式。❹绘制 1 个按钮，重复上述操作，再绘制 7 个按钮。选中插入的所有按钮，❺切换到【页面布局】选项卡，在【排列】组中❻单击【对齐】按钮，在弹出的下拉列表中分别选择❼【左对齐】和❽【纵向分布】选项，即可将这 8 个按钮排好位置。

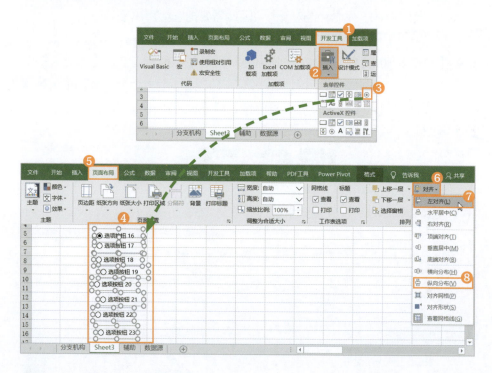

> **提示**
> 对表单控件进行选中、复制、移动、删除、修改标题、设置格式等操作，都要先单击鼠标右键，然后在弹出的快捷菜单中选择相应的选项。插入多个控件时，可以运用复制、粘贴功能。

02» 插入分组框并修改名称。切换到【开发工具】选项卡，在【控件】组中单击【插入】按钮，在弹出的下拉列表中❶选择【分组框】样式。❷在 8 个选项按钮外围绘制出一个分组框。❸将鼠标指针放在第一个选项按钮上，单击鼠标右键，在弹出的快捷菜单中选择【编辑文字】选项，根据实际需要修改名称（分组框名称也可以这样修改）。❹依次修改其他选项按钮的名称。

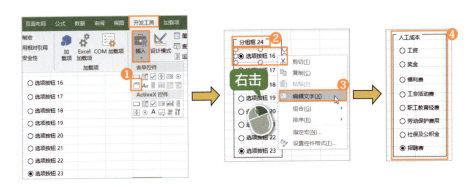

设置控件格式是为了使用控件，通过它来控制工作表的某个单元格，便于在操作时能实现根据控件返回值，如前文所展示的序号 1、2、3 等，设置查找公式，进而制作动态图表。

03» ❶将鼠标指针放在任意一个选项按钮上，单击鼠标右键，在弹出的快捷菜单中选择【设置控件格式】选项。❷在弹出的对话框中设置【单元格链接】为 D1 单元格，❸单击【确定】按钮。

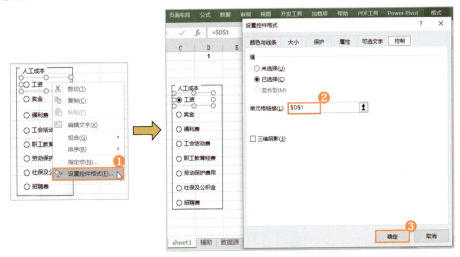

这样单元格链接就设置好了，当从上到下依次选中【工资】【奖金】【福利费】【工会活动费】等单选按钮时，会发现 D1 单元格的内容分别变成"1""2""3""4"等。这个规律印证了前文介绍的表单控件的工作原理。

为了使 D1 单元格中的内容易于识别，可以在 E1 单元格中设置对应的费用科目，与 D1 单元格一起动态显示数据。

设置方法：先在 O1:P8 单元格区域列出对应关系，作为查找区域，然后在 E1 单元格中输入公式，用 VLOOKUP 函数，以 D1 单元格为匹配条件，就可以实现对费用科目的引用。

参考 7.4节，VLOOKUP函数的介绍

接下来需要通过公式将人工成本明细原始数据做成可以绘制动态图表的图表数据。

因为此前已经从原始数据中将"项目"列放到 D1:E1 单元格区域中作为选项按钮了，所以需要去掉图表数据中的"项目"列。

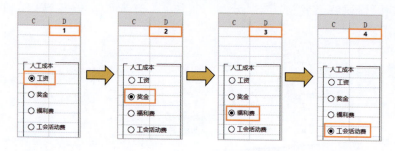

在 C3 单元格中输入公式后，单元格显示"#VALUE!"，表示查找不到数据。这时将光标定位在编辑栏中任意位置，按【Ctrl】+【Shift】+【Enter】组合键后，一个普通的公式就会变成数组公式，Excel 将在公式两边自动加上花括号"{}"，这样就能查询到正确数据。将 C3 单元格中的公式向下、向右填充。

什么是数组公式呢？

数组就是单元的集合或一组处理的值的集合，一个以数组为参数的公式即数组公式，通过这个单一的公式，可执行多个输入的操作并产生多个结果，每个结果显示在一个单元中。

Excel 中的数组公式非常有用，尤其在不能使用工作表函数直接得到结果时，数组公式显得特别重要，它可建立产生多值或对一组值而不是单个值进行操作的公式。

在输入数组公式时，不要自己输入花括号"{}"，否则，Excel 会认为输入的是一个正文标签。

上述数组公式用到了 MATCH 函数和 INDEX 函数。

MATCH 函数的功能是从一个数组中把指定元素的位置找出来。它得到的结果不是数据内容，而是数据位置。其语法格式如下。

MATCH（查找值，查找区域，匹配模式）

INDEX 函数常用的功能是从一个区域内把指定行、指定列的单元格数据取出来，此时，函数的语法格式如下。

> INDEX（取数的区域，指定行号，指定列号）

从参数来看，只有先明确了从一个区域的什么位置取数，才能使用 INDEX 函数。

先用 MATCH 函数定位，再用 INDEX 函数取数，取数的效率很高。

本案例的公式：{=INDEX($C$20:$N$43,MATCH($B3&$E$1,$A$20:$A$43&$B$20:$B$43,0),MATCH(C$2,$C$19:$N$19,0))}，拆解如下。

$C$20:$N$43，取数的区域。

MATCH($B3&$E$1,$A$20:$A$43&$B$20:$B$43,0)，指定行号。

MATCH(C$2,$C$19:$N$19,0)，指定列号。

指定行号里的"&"是"且"的意思，指两个条件同时满足。

这样一拆解，是不是逻辑很清楚？在很多无法使用 VLOOKUP 函数取数的情况下，可以用 MATCH 和 INDEX 两个函数来代替，这两个函数高效且应用广泛。

接下来绘制动态图表——一个组合图。第 12 章已经讲过组合图的制作方法，这里不再展示具体步骤。此处将上文做出来的数据当作图表数据。

下面介绍如何根据看板的整体风格，对组合图进行格式设置。

01» 更改图表元素，❶单击【图表元素】按钮，❷勾选【数据表】复选框，为图表底部添加数据表。

第 13 章 财务分析看板的制作 277

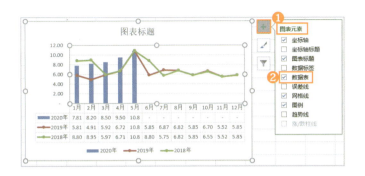

02» 更改图表样式，❶单击【图表样式】按钮，❷在弹出的【样式】选项卡中选择【样式5】，❸删除图表标题，❹删除图例，❺得到图表的最终效果。

　　这样正文的各区域就制作好了，是不是也不难？只要有耐心，你也可以学会。
　　接下来，为了有更好的呈现效果，要对看板的视图进行设置。

13.2.3 财务分析看板的视图设置

　　为了使看板版面更加干净，也为了防止他人在阅读过程中误操作，从而引起不必要的麻烦，现对看板的视图进行设置。
　　切换到【视图】选项卡，取消勾选【显示】组中的【网格线】【编辑栏】

【标题】复选框,就可以使看板的版面干净,且能防止被他人修改。

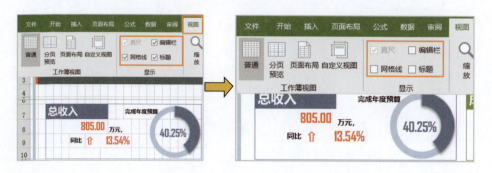